"中国劳模"系列丛书

U0584695

重汽"钳"行者：
刁统武

梅雪炀 / 著

吉林出版集团股份有限公司
全国百佳图书出版单位

图书在版编目（C I P）数据

重汽"钳"行者：刁统武 / 梅雪炀著. -- 长春：
吉林出版集团股份有限公司, 2023.4
（"中国劳模"系列丛书）
ISBN 978-7-5731-3083-9

Ⅰ.①重… Ⅱ.①梅… Ⅲ.①刁统武－传记 Ⅳ.
①K826.16

中国国家版本馆CIP数据核字（2023）第039604号

ZHONGQI "QIAN" XINGZHE : DIAO TONGWU
重汽"钳"行者：刁统武

著　　者	梅雪炀
组稿统筹	东北师范大学文学院创意写作研究中心
撰写指导	余　弓
责任编辑	王丽媛
装帧设计	张红霞

出　　版	吉林出版集团股份有限公司
发　　行	吉林出版集团社科图书有限公司
地　　址	吉林省长春市南关区福祉大路5788号　邮编：130118
印　　刷	唐山富达印务有限公司
电　　话	0431-81629711（总编办）
抖 音 号	吉林出版集团社科图书有限公司　37009026326

开　　本	710 mm×1000 mm　1 / 16
印　　张	8.5
字　　数	70 千字
版　　次	2023 年 4 月第 1 版
印　　次	2023 年 4 月第 1 次印刷

书　　号	ISBN 978-7-5731-3083-9
定　　价	45.00 元

如有印装质量问题，请与市场营销中心联系调换。0431-81629729

劳动创造财富，劳动创造幸福，劳动创造未来。习近平总书记在2020年全国劳动模范和先进工作者表彰大会上的讲话中指出："全社会要崇尚劳动、见贤思齐，加大对劳动模范和先进工作者的宣传力度，讲好劳模故事、讲好劳动故事、讲好工匠故事，弘扬劳动最光荣、劳动最崇高、劳动最伟大、劳动最美丽的社会风尚。"当今世界，综合国力的竞争归根到底是科技人才和高素质劳动者的竞争。改革开放以来，我们强大的工人队伍用辛勤劳动和拼搏奉献推动中国制造、中国智造、中国创造走向世界的前列，新时代的中国面貌日新月异。大力弘扬劳模精神、劳动精神、工匠精神，加强高素质技能人才队伍建设，打造一支宏大的知识型、技能型、创新型劳动者队伍是伟大时代赋予我们的历史责任。

劳动模范是民族的精英、人民的楷模，是共和国的功臣。自改革开放以来，广大职工勇立改革潮头，独立自主，奋发图强，勇于创新，其中涌现出一批批全国劳模和大国工匠，他们参与建设了代表中国高度、中国速度、中国深度的一系列重大工程，提升了国家实力，打造了"中国名片"，树立了"中国品牌"，增添了"中国力量"，充分释放出工人阶级的创新活力，展示出大国工匠强大的创造能力。他们以工人阶级的满腔热忱在各自平凡的工作岗位上创造了辉煌的业绩，书写了新时代的壮丽篇章。

爱岗敬业、争创一流、艰苦奋斗、勇于创新、淡泊名利、甘于奉献的劳模精神，崇尚劳动、热爱劳动、辛勤劳动、诚实劳动的劳动精神和执着专注、精益求精、一丝不苟、追求卓越的工匠精神，是广大劳动群众在社会生产实践中锤炼形成的弥足珍贵的精神财富，是工人阶级伟大品格的具体体现，是民族精神和时代精神的生动体现。民族复兴需要劳动模范，祖国强盛需要大国工匠，中国制造、中国智造、中国创造更需要大国工匠的强有力支撑。劳模、工匠等的成长故事、先进事迹中承载的劳模精神、劳动精神和工匠精神，是激励全国各族人民团结奋斗、勇往直前的强大精神力量。

"中国劳模"系列丛书，采用图文结合的方式，讲述全国劳模、大国工匠和先进工作者的成长经历及他们追梦、筑梦、圆梦的故事，用他们在平凡岗位上创造不平凡业绩的真实故事感染读者，形成劳动最光荣、劳动最崇高、劳动最伟大、劳动最美丽的社会风尚，引导广大技术工人和青少年形成劳动光荣、技能宝贵、创造伟大的观念。

"匠心筑梦，强国有我。"新时代是万象更新、生机勃勃的时代，也是一个继往开来、创新创业和建功立业的大时代。希望广大读者能以劳动模范为楷模，以大国工匠为榜样，立志技能报国、技术强国，踔厉奋发，勇毅前行，锤炼思想品格，汲取劳动智慧，勇于担当、勤于钻研、甘于奉献，为推进新型工业化和乡村振兴，加快建设制造强国、质量强国、航天强国、交通强国、网络强国、数字中国、农业强国，为全面建设社会主义现代化国家贡献青春力量。

高凤林

中华全国总工会副主席（兼）

中国航天科技集团有限公司第一研究院

211厂14车间高凤林班组组长

2022年11月

刁统武，1979年1月生，山东滕州人，中共党员。现就职于中国重汽集团济南卡车股份有限公司，为该公司的维修钳工首席技师。

自1999年参加工作以来，刁统武坚守一线20多年，主要从事驾驶室焊接工作，负责夹具的设计、维护、维修，以及焊接尺寸提升工作。他多次攻克驾驶室焊接技术难题，熟练掌握气压系统控制、液压系统控制和设备工作原理。他现场经验丰富，识图能力强，具备只看图纸就能洞悉工装设计中的风险隐患点的本领。他能够熟练运用3D绘图和夹具设计软件改进和设计焊装夹具。他熟悉驾驶室焊接过程中所有环节，能够策划整个驾驶室焊接生产线建线布局，对HOWO、HOWO-T7H、HOWO-T5G等系列车辆的驾驶室焊装夹具设计研发，以及生产线规划建造起到了关键性的作用。

刁统武主持和参与的技术创新项目达200多个，其创新成果大大提高了企业产能和产品质量，为企业创造了巨大的经济效益。多个创新项目获得国家专利，省级技术创新奖，及中国重汽集团公司职工创新成果一、二、三等奖。他充分发挥高级技师的模范带头作用，热心传授技艺，工作以来带徒三十余人。如今，徒弟们都已成长为设备维修和生产方面的骨干。

刁统武曾获得"全国五一劳动奖章""全国技术能手""山东省劳动模范""山东省富民兴鲁劳动奖章""泰山产业领军人才""山东省优秀共产党员""山东省道德模范""齐鲁十大金牌职工""山东省技术能手""山东省首席技师""齐鲁大工匠"等十余项荣誉，并享受国务院政府特殊津贴。

2020年11月，刁统武被授予"全国劳动模范"称号。

目 录 CONTENTS

第一章　青春年少：
从懵懂走向坚定

考入中学

　　青春短促，光阴如金，青少年时期是人生夯实基础的关键阶段，唯有书山作伴学海勤渡，才能于人生初始拉开无限可能的序幕。只是心智开蒙先后有异，也说天生所赋各不相同。懵懂年岁中刁统武跌撞磕绊，曾因年少浅薄错过学习的好时机。

　　1986年8月，7岁的刁统武就读于滕县（今滕州市）界河镇后枣村小学，村小环境比较差，教室冬冷夏热。1989年9月，升入四年级的刁统武遇到人生中的一位恩师。这位刚高中毕业的年轻老师，因为微小分差与大学失之交臂，所以常常拿自身举例劝勉学生们认真学习。

　　"我之所以很严厉地教育你们，就是希望你们不要像我这样。现在考大学虽说很难，咱们这么多同学可能也就能考上一两个，但哪怕考不上大学，多学一点儿知识以后的路也能宽一点儿，以后的人生也能丰富一点儿，未来掌握在自己手中。所以大家就把学习当作自己的事情去做，不要看作给老师做

⊙ 1991年5月，小学毕业时的刁统武

的。"老实讲，这样的"大实话"属实让刁统武感到泄气且深受打击，可是多年以后老师那句"多学一点儿知识以后的路也能宽一点儿，以后的人生也能丰富一点儿，未来掌握在自己手中"始终刻在刁统武心底，成为鞭策他在学习路上求索新知、在工作中努力奋进的力量。就这样，在师长的劝勉下，1991年9月，刁统武考入滕州市第十中学。

刁统武初一的班主任教英语，是刚分配来的大学生，为人严厉，教学负责认真，能够精准洞察每个学生的知识薄弱点，英语课上经常把刁统武问得哑口无言。所以上班主任的课，刁统武总是打起十二分精神，课后作业他也用心完成。他的英语成绩因此一直很好，初一时从没下过90分。而让刁统武真正转变学习态度的是与班主任的一次谈话，当时班主任说："小学老师督促你学，初中是你们从被督促学习到主动学习转变的阶段，高中基本就靠自我监督了。"随着年龄渐长，刁统武的心智也逐渐成熟，他开始真正意识到主动学习的重要性。初二时班主任的适时鼓舞"只要我们努力了，将来就不会后悔"让刁统武在学习上更加用心，坚信"只要学了，即使不成功也不后悔"。在往后数十年的工作中，刁统武仍会时常想起这句话，在遇到问题时鼓励自己迎难而上。

"钳" 缘偶定

虽然刁统武用心学习，但是相对落后的教学水平（镇上最好的中学也只是普通中学），让那时的刁统武升入重点高中的可能性也微乎其微。在结合主观意愿及对自身综合素质的客观评估后，15岁的刁统武仍纠结到挠破头皮，对是否继续读高中犹豫不决。

好在"天生我材必有用"，刁统武的"柳暗花明"在某天课间闯进了他的视线。那是同学翻看的一本类似机械方面的书，粗糙的纸面印着不算精密的零件绘图，刁统武随手一翻竟然觉得很感兴趣，一种莫名的亲近感瞬间击中了他。刁统武感受着自己莫名的心跳，好像突然明白了"喜欢"的感觉。后来同学告诉他书是考技校用的，刁统武先前纠结的心情，终于在获取新出路信息后豁然开朗。等刁统武回家再一打听，得知技校毕业后可以进厂当工人，于是他当机立断决定报考滕州市技工学校。其实，报考之初刁统武想学电工专业，奈何滕州市技

⊙ 1994年5月，初中毕业的刁统武

工学校当年没有电工专业，只开设了钳工和铸造工专业。就在这样的机缘巧合下，刁统武入了钳工的大门。

在学习中发掘天赋

1994年9月，刁统武如愿考上了滕州市技工学校。本以为技校的学习生活可以轻松一些，直到看过课程表刁统武才知道根本不是那么回事儿。技校的课程种类繁多，除基础的语文、数学、物理课程外，还有五花八门的专业课，包括钳工工艺学、公差与配合、机械制图、工程力学、机械制造工艺学、材料力学及热处理、机床电气控制、液压控制、金属切削原理与刀具、机械设计基础、机械装配与修理等。这些机械方面的专业课，专门教授机械的设计、工艺、加工制造、热处理、装配与修理等，讲解从原材料到成品的过程。对于从小就喜欢把东西拆开看看的刁统武来说，这些课程非但不枯燥反而很对他的胃口。于是，从陌生到了解，从系统学习到现场实习，刁统武学习和实习起来都十分顺手，他逐渐喜欢上这些课程，爱上了钳工这个工种。

初入技校时老师就告诉他们，成绩好的毕业后就业选择余地就更大，也更可能被分配到好的单位。除了平时成绩，是否获得"三好学生"的称号也成为毕业工作分配的参考指标。听完老师的话，班里的同学都很兴奋，都想努力学习找个好工作，刁统武也不例外。然而当他看到自己的学号——13号时，心情顿时低落了下来。当时的学号是按照考试成绩、性别排的，班上7个女生的排名高于男生。在全班总共42人当中，排名第13的刁统武的成绩相较于"三好学生"的要求还有一定的差距。

刁统武认为空有上进心但不掌握学习方法是没用的，单靠死记硬背绝对得不到"三好学生"的称号，眼见奋进的小火苗刚被点燃就濒临熄灭。不想经过一周学习后刁统武发现所有专业课都非常有意思，学起来也很容易。尤其是制图这一门，当其他同学还在琢磨左视图、右视图是啥意思的时候，刁统武已经能迅速画出来，对此连教制图的老师都感到很惊奇，还以为他早就学过呢。

凭借着出色的空间想象天赋和绘图技术，在技校学习期间刁统武的制图成绩没有低过90分。对于机械方面的其他专业课，刁统武学起来也都很容易，对此他曾经自我打趣道："我自己甚至都怀疑是不是上天看着我脑子笨，专门让我来学这个课程的。"就这样，刁统武在三年学习中以兴趣为导向，不断挖掘并充分利用自己的天赋，把时间都用来学习专业知识，成绩一直名列前茅。并且除了第一学年外，其余学年刁统武都是"三好学生"。

心志所向

富有天赋又格外努力的刁统武，在专业知识的学习中可谓如鱼得水，好不快活。第二学期在车间进行实践学习时，刁统武第一次从实习主任嘴里听到"八级钳工"的称号，并了解到这些顶尖级钳工临场解决实际问题的超凡本领。八级钳工是钳工等级划分改革前的最高级别，相当于改革后的高级技师，即国家职业资格一级——钳工改革后共设五个等级，分别为初级、中级、高级、技师、高级技师，对应的国家职业资格从五级到一级依次递升。对于站在技术尖端的"八级钳工"，刁统武怀着无比的崇敬和无限的憧憬，从此他心底燃起一簇火苗，他顺着光亮找到了自己的奋斗方向！

　　刚开始实习的时候刁统武他们使用的工具很简单，都是手锯、錾子、锉刀，工件就是一块1米多长、60毫米宽、8毫米厚的钢板，他们需要通过用手锯割把钢板分成小钢板。听老师讲解完动作要领后，刁统武和同学们开始上手实操，然而他们锯割出的工件歪七扭八，没有一个工件的锯割线是直的，经过他们连续几天摸索调试后仍旧惨不忍睹。在逐一进行指导后，老师把他们聚集起来亲自示范。一开始刁统武他们根本不当回事儿，以为老师空有满肚子理论，不过在车间里实践多了，比他们熟练一些而已。但当老师锯割完展示成品后，一帮学生都傻了眼，那锯割面就像机器切割出来似的，花纹平整有规律，而且高低差都在0.5毫米内，垂直度哪怕拿角尺测量也非常精准。

　　看看老师的作品再瞅瞅自己的，刁统武他们臊得满脸通红，又觉得简直不可思议，这得需要练习多少年才能达到这样的水平啊？从这一刻起，刁统武真正意识到，要想达到八级钳工的水平，光靠天赋，没有扎实的勤学苦练是不可能的。面对挫折刁统武并未消沉，相反，他选择迎难而上，立志成为八级钳工的目标也更加坚定。之后三年，刁统武把更多的时间和精力投入学习中，尤其是在操作技能训练上。每次实习刁统武都去得最早，练得最勤，满手都磨出了大泡。三年下来他的实习

⊙ 1997年5月，18岁的刁统武从滕州市技工学校毕业

成绩是班上最好的，这为之后考取山东省高级技工学校打下了坚实基础。

圆梦八级钳工

1997年5月，刁统武取得了滕州市技工学校优秀毕业生证书（全班仅三个），并顺利考入了山东省高级技工学校，在装配与修理专业继续学习。在全国有名的山东省高级技工学校，身边的同学不管是学习成绩还是综合素质，都给了刁统武不小的压力。一直把八级钳工作为目标的刁统武不停思考：面对那么多优秀的同学，不算聪明的自己怎样才能脱颖而出呢？无他，唯有勤学苦练。为了早日实现成为八级钳工的目标刁统武也是拼了。他不断压缩休息时间，把更多的精力用在学习上，尤其在实习期间他很少休息，吃饭狼吞虎咽，一放下碗就马上进车间，不怕辛苦反复练习，星期天经常和工厂的老师们一起加班。

进入高级技工学校后除了比往常更努力，刁统武发现很多课程都是中级技校课程的升级版——不仅是理论知识的升级，也有实践方面的升级。专业课程也不仅是机械方面的内容，还涉及液压、电气控制方面的知识，需要掌握的知识更加全面，教学不仅注重实践操作，也注重一部分设计。与中级课程相比，高级课程中各方面的知识都是连贯的，比如要学会设备安装就得先了解设备原理，掌握设备的运转方式，懂得设备的控制方法。学生将一系列知识都弄懂了，那么出现问题时，他们就知道怎么解决，解决不了也知道怎样去改进。

高级技工学校两年的系统教学，特别是理论加实践的学习模式，促使刁统武完成了从最初接触时的困难到逐渐适应后实践操作的得心应手的转变。这一阶段的理论学习提升了刁统武的综合素养，让他整个人都发生了质的改变。让刁统武记忆犹新的，是实习期间维修立式铣床，这项任务要求学生在铣床内部的空腔里安装铜管。

老师反复说明铜管的安装难点，来回弯曲会造成铜管硬化报废，很多同学试过后都无法安装，刁统武也积极尝试了一下。由于铣床内部看不见，刁统武只能通过用手来回弯曲铜管以便找到安装角度，对知识的系统学习在这时候发挥了关键作用。刁统武凭借平时对图纸结构的理解，以及通过实习掌握的操作技能，用了不到三分钟就安装上了。面对老师的夸赞，刁

⊙ 1999年3月，20岁的刁统武在山东省高级技工学校做毕业设计

⊙ 1999年5月，刁统武在山东省高级技工学校参加毕业答辩

统武觉得一切"笨鸟先飞"的付出都值了。

1999年3月，刁统武开始做毕业设计。班上同学分成五个小组，刁统武是第五小组的组长。毕业设计的内容是根据图纸设计夹具并对零部件进行加工。因为拿图纸时慢人一步，刁统武他们领到了唯一的0号图纸。眼瞅着别的小组手上拿的都是A3、A4、A5的图纸，刁统武深感懊恼。直到毕业设计答辩结束，他才知道原来自己"因祸得福"。

由于他们手里的0号图纸最复杂、设计难度最大，指导老师给予的关注也就最多。手绘图纸时刁统武组每人拿着3张0号纸，因为铺开后占的面积最大，他们的图纸在教室里也最显眼。设计过程中他们反复查找资料、参数，因为设计的夹具较大、零部件也多，他们小组讨论的次数远超别组。当他们讨论出不同意见时，指导老师也会给予一些建设性意见。虽然整个设计过程漫长（比其他组多用近五天），但他们也很快乐，随着设计逐渐完善，组员们收获着越来越多的自豪感和满足感。直到最后设计完毕，并完成加工工艺、热处理工艺和装配工艺编制，刁统武小组迎着其他组羡慕的目光自信地走上答辩台。

不负众望，刁统武小组的设计获得了老师们的一致首肯，刁统武个人更是直接被评定为优秀。也正是这项优秀加分，让刁统武毕业后拿到了梦寐以求的八级钳工证，成为当时最高级别的钳工。

第二章　风华正茂：
头角峥嵘

初尝"真本事"的甜头

1999年9月，刁统武被分配到小鸭集团济南英特制冷有限公司，负责大型冷柜的装配工作。二十岁的刁统武初入职场，怀揣着父亲谆谆的叮嘱——不要想着走捷径，要凭真本事吃饭。他心里只有一个念头，就是一定要好好做，做就做得最好。

刁统武最初被分到总装车间装配大型冷柜，青年人难免自负，他原以为自己在技校时专业课学得好，实际操作也熟练，到了公司很快就能掌握生产流程。等到真正踏入车间，他才意识到自己接触的是一个全新的领域。对新设备的操作，他要跟着老师傅们反复练，工艺方面得盯着现场操作工艺踏实学。刁统武戒骄戒躁跟着前辈一通操练。在学习过程中他逐渐发现，学校里学的和工厂里做的，两者原理基本还是相同的。摸清门道后刁统武进步很快，他这块金子也很快"发光"了。

有一次，刁统武去仓库领取展示冷柜的控制器，正赶上新品开发部新来的大学生正在研究出了问题的控制器，他们拿着图纸怎么看都不明白。刁统武凑上去看了一眼，告诉他们单看电路没问题，但是继电器装反了，把继电器反过来重新接线就好了。刁统武指出问题时他的车间主任正好路过，眼神里带着一丝质疑。后来生产控制器的同事告诉他，新品设计人员过来确认了，正像刁统武说的那样——继电器装反了。当时主任向设计人员随口开了句玩笑："怎么设计的？都被我们新来的同志找出原因了。"这件事后，刁统武多了份自信，为了更快适应生产流程，之后每次加班他都主动申请。

在第一条生产线干了一个月后，主任主动找到刁统武说，服务柜装配线需要人，要把他调去那个班组。进了新车间，刁统武发现这是一个专门生产服务型冷柜的班组，组内人员年龄偏大，生产的大多是些结构复杂的新产品。面对新的挑战，刁统武使出了全部力气，每天早出晚归，很快就掌握了全部的工艺流程，并成为班组的主力。

刁统武的能力和努力都被领导看在眼里，2000年1月，刚入职4个月的刁统武被外派到湖南，解决损伤产品现场重装问题。当时公司经理要求派一个工作能力强且能解决现场问题的员工去，车间主任毫不犹豫地决定派刁统武去。坐上飞机的刁统武心里有一种自豪感，不仅因为能坐飞机出差，更因为领导对他的认可和信任。

⊙ 2003年7月，刁统武跟随公司去青岛团建

等到了现场，刁统武凭借在技校实习时熟练的操作技能，以及在公司学会的产品装配方法，仅用了一个晚上就完成了装配并按时交付。当时现场的销售经理非常高兴，事后一直要求刁统武留在办事处。但他考虑到进公司的时间毕竟较短，自己还没能掌握所有产品的结构和性能，所以谢绝了经理的好意。这次外派经历让刁统武认识到，在工作上要想得到领导和同事们的认可，就必须努力练就"真本事"，一定要好好干，干就干得最好。

2003年，同学告诉刁统武，技师考试已经开放了，可以到学校报名参加考试。当时流传着一句话："工程师好找，但找个技师很难。"刁统武跃跃欲试，却又因为技师的高标准望而却步。当他深陷纠结时，未婚妻的鼓励使他下定决心——"考不考得上不重要，重要的是你要去尝试、去经历，对于没有经历过的事你永远不知道结果"。未婚妻的话启发并鼓舞了刁统武，即便是考试过不了，通过学习，自己的专业知识和技能也一定会增加和提升。如果他考过了，有了技师证书，现在国家重视技术人才，自己也一定会有用武之地。于是，刁统武决定报名试试，哪怕考不上也权当是为以后再考铺路了。

因为白天上班，刁统武只能利用晚上的时间学习，周末还要去三十公里外的学校上课。有了在技校打下的坚实基础、在工作中熟练掌握的操作技术，再加上刁统武不懈的努力，在竞争中他一直名列前茅。他的论文与实际生产中的现场操作装配有关，由于公司设备新，同一时期同类型论文基本没有。论文选材新颖，内容又切合生产实际，刁统武在答辩中赢得了老师的夸奖。就这样凭借真本事，刁统武顺利通过了技师考试和答辩，成功取得了技师资格证书。

2004年9月，刁统武和小鸭集团签订的合同到期，又一次在妻子的鼓励下，他选择参加中国重汽集团济南卡车股份有限公司面向社会的招工。回顾在小鸭集团5年的工作经历，刁统武感触颇深。首先他在这里结识了妻子，两人于2004年1月登记结婚；其次公司新颖的"7S"管理体系给刁统武留下了深刻的印象。

"7S"管理体系源于日本，是指在生产现场对人员、机器、材料、方法、信息等生产要素进行有效管理的体系，包括整理、整顿、清洁、清扫、安全、节约与素养。正是在公司严格的制度管理下，生产机房窗明几净，工作环境舒适。就职期间刁统武严格遵守公司制度，无论学习还是工作都做到全力以赴，在公司提供的先进平台上得到了很好的锻炼，练就了一身真本事。在小鸭集团工作的5年里，除了第一年，后来的4年刁统武每年都被评为先进工作者。能在步入社会之初就尝到靠"真本事"收获的成果，刁统武内心充满了感激。

敢为人先争第一

刁统武对重汽的最初印象源自小时候坐过的黄河大卡车。那时候就喜欢车的他怎么也想不到，未来某天自己会成为"新黄河卡车"的重要制造者。对于从小就梦想去汽车厂工作的刁统武，当他看到报纸刊登的重汽招聘信息，雀跃的内心自然无法言表。"这种招聘还不得挤破头啊！"看着足足占据半个版面的信息，刁统武心里犹豫又发怵。每当刁统武犹豫后退时，妻子的鼓励与宽慰总能推着他跨出关键一步。不试试永远不知道行不行，可以说是妻子的精神支持让刁统武充满尝试的勇气。

回想起面试当天黑压压的人群，说不紧张是假话，但作为现场唯一有技师职称的钳工，刁统武在一众应聘者里具有明显优势。然而等他进入正式面试，面对考官提出的专业问题——框式水平仪的使用方法，刁统武直接蒙了。框式水平仪只有在机械设备、机床、模具等安装调试时才会被用到，除了上技校那会儿在书本上学过，框式水平仪现实里长啥样，刁统武见都没见过。但是作为钳工这种量器又是必须掌握的，如果答不上来这个问题，刁统武的技师职称多少就显得有点儿含金量不足了。

好歹见惯了风浪，刁统武随即强迫自己冷静下来，在仔细回忆书本相关内容后，他凭借扎实的理论基础完成了作答。虽然不能保证答得很好，至少面试老师没挑错。就这样，回家忐忑等待了好几天，刁统武等来了中国重汽集团济南卡车股份有限公司的上班通知。但并不是正式录用的通知，也没办理任何入职手续，感觉像临时试用一样。

进入工厂，刁统武发现现场是临时建起的简易调试线，到处都是焊接夹具和焊接设备。刁统武首先想到的是怎样在短时间内熟悉这些设备，怎样抓住机会给领导留下好印象才能留下。幸运的是他看见夹具和焊钳用的都是气动装置，他学过液压，以前在学校暑假打工时操作过气动装置。因此上工之后刁统武直接对气动装置上手，出现问题他都能快速分析并解决，就连当时车间内部维修人员也不熟悉的气动装置问题都难不倒他。

刁统武再次用"真本事"证明了自己，车间班长当即让他负责全车间八十多套夹具的维修。后期搬迁到正式车间，这些夹具的外部管道也全是刁统武一个人连接的。就这样干了一个多月临时工，公司终于和刁统武签订了正式劳动合同，他得以顺利进入卡车公司车身部焊装二现场分部——即HOWO焊装车间——开始工作。HOWO是"豪沃"的英文标识，豪沃车是中国重汽集团济南卡车股份有限公司生产的一款重型卡车，也是集团的主力产品之一。

刁统武入职重汽时，HOWO驾驶室焊装生产线正在重点建设，它在整个公司内部算得上非常先进，夹具设备全是进口的。刁统武能够进入这样一个优秀的平台无疑是幸运的，然而机遇伴随着挑战，平台越高面对的挑战也就越大。在进入HOWO焊装车间以前，可以说刁统武对驾驶室的焊接和生产装备一无所知，一切都要从零开始。

由于HOWO主拼接焊装线由泰国Aapico公司设计安装，横在刁统武面前最困难也最急需越过的障碍，是生产线的全英文说明书，当时整个车间能看懂说明书并与外国专家交流的人寥寥无几。前所未有的困难使刁统武在短暂空茫后马上振作，满脑子只有一个想法："不管多难我都要学会弄懂，我必须学会维修技术，这是我的工作、我的饭碗！"

直面挑战的刁统武迎难而上，坚信只有先人一步掌握拔尖的技能才能干出一番成绩。刁统武积极进取的斗志源于幼时父亲的教诲，年纪还小的刁统武不明白为什么父母连夜帮邻居打麦子，父亲告诉他邻里之间应该互相帮助。看着儿子不解地挠头，父亲又解释说做什么事都要积极主动地去做，不要拖拖拉拉，早干完

⊙ 2005年3月，26岁的刁统武在HOWO焊装车间工作

早结束。随着成长，刁统武逐渐懂得父亲的深意，从此不管做什么事他都非常积极主动，这也促使他在工作中干什么事都先人一步，每次都能及时甚至提前完成工作。小组合作中也能和同事们团结在一起，相互学习请教。

为了掌握HOWO驾驶室焊装生产线流程，刁统武每天扎在施工现场跟随专家调试，遇到搞不懂的问题就及时向外国专家请教，向车间工程师请教，向操作者请教。至于英文说明书，刁统武每天把看不懂的内容及时记录下来，为了查阅资料他下了很大决心，一咬牙花了四百多块钱专门买了一个电子词典。

就这样，刁统武查词典、翻资料、做笔记，困难虽大但他的韧劲也很强，在很多工程专家的耐心指导下，两个月后刁统武基本掌握了主拼接焊装线的工作原理和夹具控制等复杂技术。于是在车间维修工里刁统武拥有了多个"第一"：第一个掌握主焊线操作技术；第一个掌握机器人操作技术；第一个掌握驾驶室焊接结构原理；第一个会解决传输过载故障；第一个会调整夹具。通过勤学苦练，刁统武再次掌握了新的"真本事"。

有问题找刁统武

　　每次车间班前会结束前，车间段长都会说这么一句话："切换车型前，让机修刁统武去主拼调试。"每当这时刁统武就知道，自己又要"钻地沟"了。

　　所谓的"地沟"是指安装在地下的主拼焊装线的底部基础，大部分线路、气路，还有大型结构的移动部分等都在地下，而人员操作的部分是在地上。地下安装完成后，十多米长的人员操作部分全部用钢板封闭，只在一端留有一个小口。出现故障时维修人员就从这个小口钻入，里面又脏又黑而且空间非常狭小，墙壁和设备之间只能容纳一个人进入，进去之后也只能爬着前进，蹲在里面进行维修。往往人进去前干干净净，出来之后浑身都是灰尘泥土。

　　地下调试虽然不难，但是地沟里的工作环境异常恶劣，又脏又累的活儿谁又愿意经常干呢？刁统武憋着口气，为了学到真本事，也为了做好本职工作，每次领导指派任务，刁统武二话不说就去了。

刚开始调试的时候一出现故障，外国专家就从小口钻进去，调试的时间越长钻进去的次数就越多。一开始刁统武想跟着，外国专家出于安全考虑不让他去。刁统武不怕危险，就怕专家走后不会操作，在他一次次沟通后专家终于同意让他跟进，但反复叮嘱叫他跟紧不要乱动。

直到钻进地沟目睹专家调试，刁统武才知道原来操作那么简单，原先只是因为没见过进口的新设备，所以不懂操作原理。可就算这么简单的操作，如果不愿意冒险钻进又脏又黑的地沟也是学不到手的。

等学会了地下调试，刁统武又发现主拼线每次切换短车型总是不到位，这种情况严重制约了生产，如果临时下地调试会耽误很多时间，刁统武就想着怎样能改进。因为刁统武是钳工专业出身，他就尝试从机械方面进行改进。

"钳工"用书面定义就是用手工工具在台虎钳上操作的工种，但实际上不论是钳工工种所掌握的知识还是技能，都远远超出这个含义。高级钳工不仅要掌握机械的原理、结构和运行模式等，而且从机械设计到单件加工、部件装配、总装配、调试等整个工艺流程都要了解，还要掌握机械的设计。

生产制造过程中，技能水平越高的装配钳工装配的机械设备质量就越好，耐久性也更好，因为他们的知识和技能足以保证装配出高精度的设备。甚至有很多设备的装配是机械手装配达不到的，只能依靠技能高的人员去装配。和重复执行操作指令高精度完成装配的机械手相比，高级钳工不仅操作效果更胜一筹，最可贵的是解决问题的灵活思维和从实践中不断迸发出的创新意识。

为了解决短车型切换不到位的问题，每次主拼线切换车型时，刁统武都认真观察地上操作和地下机械运作。一次大检修，他把地面的铜板都打开，下去查看问题所在，可惜结构都一样就是找不到原因。长期摸不着头脑难免让刁统武泄气。某天正当他收拾工具准备放弃时，手指触到了盒尺，刁统武一激灵，他想到，会不会是机床加工的问题？因为当时车间加工采用的是高精度机床，出现问题时从来也没人怀疑过精密的设备。产生怀疑的刁统武决定"死马当作活马医"，既然横竖找不出原因，不如动手测量一下设备。

好家伙，不测不量不知道，刁统武量到连锁双气缸的位置时，发现经常出问题的右侧气缸加工的整体尺寸和左边比差了5毫米。终于找到问题所在，刁统武心里很高兴，于是接着着手进行设备改进。因为安装孔太多，全部重新钻孔和攻丝不现实，而且左右气缸只相差5毫米，大的螺栓孔根本移不开。因此，刁统武重新设计连锁双气缸两端的连接件，加工安装后进行安装调试，结果效果非常好，后来再也没出现过需要钻地沟调试的情况。

当时，每天生产前焊接机器人经常出现故障报警，每当这个时候车间主任总会问一句话："刁统武到了吗？"类似的情况还有很多，"有问题找刁统武"成为大家的共识，许多工友遇到问题也都直接找他，随之增加的工作量不仅是大家信任他、肯定他的证明，也在潜移默化中督促他不断向获得"真本事"进发。每当领导提起他的名字、同事们有问题需要他帮忙，刁统武从来都积极、快速地去解决问题。因为刁统武坚信通过解决问题可以学以致用，可以提升技术，更可以在工作中获得成功的幸福和进步的喜悦。

毛遂自荐，精益求精

焊装车间的维修人员不仅要会维修设备，更重要的是要能解决设备造成的质量问题，尤其是夹具维修工作。当时，刁统武所在的车间里有两台价值很高的进口车门包边机，在工作中经常出现车门中间凹坑的情况，导致包边后的车门无法达到质量要求。

等他们发现问题时项目已经交付，外国专家也已经回国。虽然明显是包边机的问题，但由于是进口的新设备，大家没有信心也没有胆量去修理。

眼见问题没法解决，刁统武心里非常着急。在一连数天的现场观察和分析研究后，凭借着自己对焊接原理的学习、对机械和液压工作原理的掌握，刁统武毛遂自荐承担了包边机的维修工作。说实话虽然揽下了任务，刁统武心里还是发虚，毕竟他也只有五成的把握可以修好设备。可他转念一想："既然没有人能维修，我要不努力尝试，那就连五成的把握都没有了。"话又说回来，以刁统武的技术即便不能修好，恢复原状他还是有信心的。于是，在领导同意后，根据车门包边的原理、设备的工作原理，结合自己向外国专家学到的技术，刁统武利用午休时间对包边机进行了维修调试。幸运的是当他试装到第三个车门时，凹坑现象就完全消除了。

好不容易把包边机修好了，新生产车门的质量也达标了，刁统武的眉毛却又皱了起来。端详产品，虽然没有明显的缺陷，但还有一些非常细微、几乎看不见的小斑痕。在个别工友眼里这点儿小瑕疵完全不是事儿，大家都说这样就很好了，不用再继续维修了。可是刁统武不满足，他"争第一"的轴劲儿又上来了，"我想既然修了就一定要修到最好，力求完美"。

　　于是，第二天中午刁统武进行了第二次维修调试，终于彻底消除了瑕疵。维修进口包边机是刁统武第一次成功解决的设备质量的重大难题，正是这股精益求精的踏实劲儿，使他得到了公司领导的高度认可。后来有电视台记者采访刁统武，问他为什么这么做。刁统武只是回答道："我是干维修的，必须掌握维修技术！"现在中国重汽集团董事长谭旭光一句话点出他那时的心声，也真正说进刁统武的心窝里——不争第一，就是在混！

　　2005年12月，济南卡车股份有限公司开发了HOWO四开门驾驶室，第一辆由外协厂家改制生产，第二辆则由HOWO车间技改组生产，当时刁统武正在技改组负责焊接夹具的维护维修工作。因为四开门驾驶室一般都是军用和消防用车，产量较低，所以四开门所有的产品件都需要手工改造。由于车间采用手工改制产品件试制，生产人员的工作量非常大，劳动强度也很高，而且生产过程中经常需要返工。

　　按理说，当时刁统武负责夹具，完全没必要跟着老师傅们去改制驾驶室。眼见得多吃苦多挨累，刁统武非但不跑远反倒上赶着往前凑，工友们眼里的刁统武简直奇哉怪也！加入驾驶室改制的刁统武并没有丢下本职工作，每当车间有夹具维修的活儿，他总能在高效保质完成维修后马上重回驾驶室那头。看着刁统武两头忙两头跑，负责驾驶室改制的老师傅都劝他，这活儿太累不用他干，让他负责好夹具维修就行。面对老师傅们的好心，刁统武虽然心怀感激但仍然坚定选择："这正是我了解驾驶室工艺的绝好机会！"

刁统武就是这样肯吃苦不怕累，珍惜每一次求新求知的学习机会。那时候刁统武刚开始学焊接，眼睛经常被焊接弧光刺得发红，整张脸火辣辣地疼，两只手上也到处都是烫伤，但他咬牙坚持着一直没有放弃，每天从早上上班一直忙到晚上八点多。好在功夫不负有心人，一连干了五天后，车间终于完成了一台四开门驾驶室！在跟着老师傅们学习的过程中，从单件改制、画线、切割到组件焊接整个流程，除了钣金活儿之外刁统武大都学会了，后来他又参与了整个侧围的夹具和主拼夹具的改制。

等到HOWO四开门驾驶室生产完工，刁统武不仅学会了所有焊接切割设备的操作，也深入了解了驾驶室的构造组成。最重要的一点，刁统武从老师傅们身上学到了严谨认真的工作态度，以及精益求精的敬业精神。从切身的工作和学习经历中，刁统武意识到要做一名合格的高技能工人，不但要有高超的技能，关键还要有对工作认真负责的态度、吃苦耐劳的精神，以及对产品精益求精的追求。

随着HOWO四开门驾驶室生产技术的成熟，到2007年公司的驾驶室生产量有了显著提升，对产品的质量要求也随之提高。落实到刁统武所在的HOWO车间技改组，就需要生产人员以更高超的焊接技术保质保量完成生产任务。然而原先的生产工艺中，铰链安装这一环节存在一定的质量隐患。车门铰链需要先由生产人员手工安装到车门上，再将整个车门装到驾驶室上。由于铰链手工安装位置不固定，极易导致车门间隙各不相同，严重影响了整个驾驶室的密封性。为了解决这个问题，公司决定引入车门铰链装配夹具。

因为工厂此前没有使用过铰链装配夹具，负责装配的工人师傅们对铰链装配位置精度的概念也很模糊，于是公司委托外协厂家加工了两组车门铰链装配夹具。可是新夹具到位了，却完全不能使用，眼见生产效率受到严重的影响，公司领导们心急如焚。生产过程中产量非常重要，不能因为设备故障影响生产效率甚至停产，一旦出现故障维修人员必须第一时间冲上去解决。

面对如此棘手的难题，领导们"有问题找刁统武"，询问他能不能通过调改夹具使其适用于生产。脱困的重任和破局的希望再一次被寄托在刁统武身上。面对领导们的殷切期望，刁统武心想：一名优秀的维修钳工，不仅需要储备丰富的专业知识，还要通过多次实践积累经验、掌握高水准的操作技能。在一线生产中，但凡维修工人在专业知识、操作技能、经验累积上欠缺任何一环，都会在维修上浪费很长时间，以致严重耽误生产。尤其现在工厂引进的高精度自动化设备日渐增多，更需要具备超高素养的维修人员随时待命。刁统武虽然对解决这个问题没有十足把握，但他仍旧毅然接下任务。然而破局之初，刁统武就遇到不小的麻烦。

HOWO驾驶室不同于A7（HOWO-A7，豪沃车一款车型）驾驶室，它的产品图纸都是扫描件，肉眼根本看不清，哪怕仅仅查找坐标也要经过多次计算。俗话说不破不立，面对困局刁统武琢磨着，既然手工安装铰链无法保证位置精度，买进的铰链装配夹具是不好使的半成品，干脆"修旧利废"自个儿重新设计一套适配夹具的定位装置。有了打算后刁统武说干就干，经过一番试验，刁统武把半成品上的定位装置全部卸除，重新设计后利用检测装置一边测量一边装配。历时半个月，全新的定位装置安装完成，无论试用还是正式生产，新夹具的使用效果都非常好，车门装配效率也因此大幅提高。连原先装配后车门缝隙需要反复调整的问题也一并解决了。

刁统武的技术破局，标志着中国重汽集团济南卡车股份有限公司在车门装配技术上又上了一个台阶。对于刁统武本人而言，这次技术攻关使他对驾驶室装配精度的认识有了新的提升，此后他也没停止迈进的脚步。2013年，刁统武又对A7驾驶室的铰链装配夹具进行了改进，更新后生产的车门在装配质量和精度上，都完全符合不断提升的技术要求。

2008年，随着HOWO车型的销量不断增长，市场需求量的增加，企业提升驾驶室产能势在必行。落实到生产一线，由于生产效率直接影响产能，因此改进生产线是满足增产需求的必然选择。HOWO驾驶室焊装线作为国内卡车首条自动化焊装线，因为生产线内含自动焊接机器人，具备高度自动化属性，所以要想改进生产线将面临更大的困难。专门在技术攻关中"专啃硬骨头"的刁统武，再一次承接下这一重任。

对于刁统武而言，高水准人工技艺与智能化机械之间的"较量"，从读书时开始一直持续到工作后。在山东省高级技工学校求学时，实习老师曾用亲身经历向他们展现了人工"战胜"智能机械的魄力。某次机床厂要求装配五台机床，等工人们定额完成装配任务，剩下一些挑拣后的原料。为了不浪费这批料，工人们决定"废物利用"，再加工一台机床。为此所有工人都在装配中拿出了自己的最高水平，操作精度也都高于平时的技术要求。等最后机床装配完成，它的加工精度明显高于其余五台，甚至等六台机床一起报废时，它的加工精度依旧领先。

由此可见，生产制造过程中，技能水平越高的装配钳工装配出的机械设备质量就越好，设备精度和耐久性也更优越。因为哪怕最顶尖的智能机械也是死的，而不断学习进步能够创新创造的

⊙ 2008年3月，29岁的刁统武在HOWO焊装车间工作

人是活的。仅就装配操作来说，很多设备所需的高精度装配机械手并不能完成，而具备高技能水准的人工可以做到，更何况讲求灵活独创的技术创新。对于新时期的生产制造者而言，身处机械自动化生产背景中，"驯服"高度智能化机械是他们必备的专业素养，在此基础上不断改进、积极创新则是历史赋予他们的光荣使命。

从早上上班到晚上七点，刁统武在工厂设备工程师的协助下，通过优化生产线焊接工艺和焊接参数，对自动焊接机器人进行了焊接路径的改进。当完成整个主拼线所有机器人的焊接参数和轨迹改进后，焊装一台驾驶室的时间由原来的5分钟缩短到了4.2分钟。如果将生产单车节约的0.8分钟按8小时排班计算，那么相比原生产量每班可增产16台驾驶室，这样一来企业提升产能的需求完全能够满足。

产能问题的圆满解决使刁统武再一次自证能力，他一次次凭借真本事赢得了同事们的敬佩和领导们的器重。此后，公司里越来越多的工程项目向他倾斜，压在他肩头的责任也越来越重，而刁统武踏实"钳"行，始终不辱使命，成为济南卡车有限公司车身部的首席维修钳工。

重拾课本，主动学习

多年一线生产实践的经历让刁统武逐渐意识到："一名维修工不应该只是被动地去解决问题，而是应该去预防问题的发生。一名优秀的维修工不仅应该具有丰富的理论知识，而且要把理论应用于实践去解决实际问题，应该是一名综合型的高级技术人才。"成为"综合型高级技术人才"是刁统武继"学习真本事"后又一清晰的职业目标，基于此，刁统武在工作多年后萌生了重拾课本的想法。

于是，刁统武找出读书时的专业课课本，结合多年工作累积的实践经验，对专业理论知识进行重新学习，并利用周末时间先后买了CAD书籍和CATIA（高档CAD软件）书籍。CAD是一款计算机辅助设计软件，可以用于二维制图和基本三维设计，通过它无须懂得编程即可自动制图，多用于土木建筑、工业制图、工程制图、电子工业等领域。

虽然买书等前期工作很容易完成，但在繁忙的工作日常中抽出时间学习却很困难。但为了实现自己成为"综合型高级技术人才"的目标，为了尽快掌握与现有工作相关领域的知识内容，刁统武必须积极主动去学习。工厂中、车间里，但凡刁统武忙完了工作，他手上总是捧着一本书，大周末的在家也不偷懒，一副废寝忘食孜孜不倦的模样让很多同事不理解。"要早这么学，大学早就毕业了！"面对同事们不解的调侃，刁统武心里其实也不好过。

回想自己从小到大的学习经历，在进入滕州市技工学校以前由于"被动式"学习，刁统武的学习成绩一直不算理想。哪怕听了老师的教导"初中是你们从领着学到自己学的转变过程"，但受限于年龄阅历又缺乏兴趣引导，在接触并爱上钳工专业以前，刁统武其实是一直被学校老师推着学习的，学得那叫一个不情不愿。等到从业多年后，刁统武终于意识到主动学习的必要性，而如今却已经没有了从头来过的机会。

有时候从繁重的工作学习中歇歇神儿，刁统武也会想或许同事们说得没错，要是自己早早明白知识的宝贵、早早积极主动地学习，没准儿就能考上大学，拥有不一样的人生哩。可他只是稍作休息又继续埋头于专业书中，懂得人应该活在当下的刁统武更加用功。成事不说，遂事不谏，既往不咎。现时现地，对于钳工工种的热爱、对成为"综合型高级技术人才"的坚定信念，使刁统武摒除杂念一心学习。"现在学总比不学好吧！"这样想的刁统武从此将学习与创新作为工作和生活的重要内容。

其实，就职于小鸭集团时刁统武就有了主动学习的意识，而这份主动源于他想努力缩小与妻子间学历差距的愿望。2001年，刁统武与妻子在工作中结识，那时拥有本科学历的妻子是一名新产品研发员，日常工作主要是运用CAD软件进行产品件设计。

作为山东省高级技工学校的优秀毕业生，虽然刁统武自身能力强技术硬，但在学识素养上和妻子确实存在一定差距。然而刁统武并未因此自卑，相反他坦然承认差距并通过主动学习努力向妻子靠拢。妻子熟练运用CAD软件绘图的技能让刁统武非常感兴趣，手绘图纸的测绘和识辨属于技校学习的基本功，但在电脑上使用CAD软件绘图对他而言却是盲区。

眼看新的知识技能当前，心痒难耐的刁统武主动提出学习CAD制图的想法，对此妻子也很支持。只是要学电脑绘图总得先有电脑吧，单位倒是有电脑，但是没法搬回家里用，没法一起讨论学习。于是，两人一合计，狠心买了台电脑，每天下班后妻子就对刁统武进行专门辅导。

学习绘图时从一开始画线到画形状，作品成型后就存进一张磁盘。在妻子的悉心教导下刁统武努力练习，等到操作熟练后他自己就可以运用CAD绘图解决一些装配上的问题了。常言道，技多不压身。掌握了电脑CAD制图，使刁统武在以后的工作中受益匪浅。

刁统武就是这样，面对自己的短板和不足向来坦荡，对于新知识新技能的渴望是他抛开心理负担、愿意并敢于向他人请教的根本原因。在系统学习CAD和CATIA期间，每当遇到难题或是不解的地方，刁统武总会向工厂新来的实习大学生们请教，也敢于在共同讨论中积极表达自己的观点。

渐渐地，刁统武孜孜不倦的求知精神感染了实习生们，由于时常被刁统武提问，一众实习生也自发拿起课本重新学习。某次大家一起讨论设计画图，因为都没学过CATIA软件的操作和使用，他们组成了一个学习小组互相督促。就这样，越来越多的员工受到刁统武的影响，主动学习相关知识在工厂中蔚然成风。

舍小家，为公家

2008年到2010年期间两次春节，刁统武缺席的年夜饭使阖家团圆的节日氛围稍显冷清。2008年春节前夕，公司专程邀请美国专家对主拼线的传输设备进行现场维护调修。由于该设备从国外进口，属于无级变速、行星分度凸轮机构，结构极其复杂，同类设备国内还没出现过。对于晦涩抽象的理论刁统武尚能勤学勤问，可是新设备见都没见过，仅凭简单的说明书和简易图纸真是无从下手。

对于这类书本上学不到的知识，哪怕他把专业书翻烂，将理论知识倒背如流，遇到实际操作仍旧两眼一抹黑。赶巧碰上外国专家亲临调修，好不容易逮着"师傅"的刁统武无论如何不想错过。于是，为了增进对设备的了解，刁统武毅然退掉了回家过年的车票，主动要求留下来协助专家工作。新知识之于刁统武好比甘霖之于植株，求知的渴望使他不愿放过任何一次学习机会，不断吸纳的知识技能将会强健他的根茎、丰沛他的生命，助力他一节节向阳光更盛、风光更好处茁壮生长。

就这样，两次春节期间刁统武通过跟随专家学习探讨、沟通交流，逐渐掌握了新设备的工作原理和维修技巧。之后，每次设备出现问题时，刁统武都能在最短的时间完成修复，由此保障了生产的顺利进行。

对于本职工作，刁统武可说问心无愧、尽职尽责。"学有所

⊙ 2010年7月，刀统武被中国重汽集团评为劳动模范

成"的他在工作中发光发热，不仅深受同事敬佩也颇得领导器重。然而回归家庭生活，常年缺席的刁统武不能算是合格的丈夫和父亲。2004年1月，刁统武和妻子登记结婚，同年9月，在妻子的鼓励下他参加面试，并成功入职中国重汽集团。不久后女儿出生，忙着在新单位崭露头角的刁统武自顾不暇，每天早出晚归，回家倒头就睡，家里大大小小的事务都由刚生产完的妻子一人操持，当中的辛苦可想而知。可是即便如此妻子也从没抱怨过，相反她经常对刁统武说："你就放心做好你的工作就行，家里有我在。"

如果人生是一场战斗，每一个战士能在工作前线奋勇拼搏，都因为背靠坚实的家庭营垒。妻子的付出是刁统武坚强的后盾，让他拥有全身心扑向工作的踏实底气。在真心感念妻子操劳的同时，刁统武在工作中取得的荣誉或许是最好的回报。

等到女儿稍微大点儿，面对她天真地发问——自己的事情是不是爸爸都不问，自己的事情和爸爸有没有关系？刁统武心里很不是滋味儿。每当这时，妻子都会柔声安抚女儿，告诉她爸爸工作忙，等有空了就陪她。妻子的善解人意教养出女儿的懂事体贴，后来女儿闹情绪的次数越来越少，日常生活中有什么难题娘儿俩也商量着解决，不到万不得已尽量都不找刁统武。

2020年，女儿中考，正赶上公司试制新产品的关键时期，在外地工作的刁统武身负重任，没能赶回去陪女儿中考。女儿虽然体谅他工作辛苦没要求其陪考，但是事后妻子告诉刁统武，她能感觉到孩子非常希望爸爸回来陪她中考。听到这些话刁统武既愧疚又难过，觉得自己一直忙于工作，从来都没尽到一个丈夫、一个父亲的责任，他能在工作岗位上发光发热，在家庭生活中却像一个游离的隐形人。在工作中荣誉等身是刁统武刻苦钻研的成就，然而在女儿成长中缺失的陪伴是他难以弥补的亏欠和深切的心痛。

"我对孩子的关心是真的很少，也根本不了解女儿的想法。"有一次刁统武参加济南电视台《榜样》栏目录制，他坐在舞台上刚刚讲完自己的工作历程，主持人就示意大屏幕切出一段小视频。在视频中看到女儿熟悉的身影，刁统武突然鼻子一酸，在这段自拍的视频里女儿说道："我的爸爸工作很忙，我很理解我的爸爸，我也一直以我的爸爸为荣，他真的很厉害。我很爱我的爸爸妈妈。"女儿的懂事体贴让刁统武加倍自责，他难以自控地泪洒当场。当时他就在心里想，今后不管工作有多忙，他一定多抽出时间来陪伴妻子和女儿。

技术比武见真章

工作二十三年来，刁统武参加过许多次大大小小的技能竞赛，其中有两次比赛让他记忆犹新。一次是2010年参加山东省青年职业技能大赛。这个赛事与其他比赛有很大区别，主要表现在青工赛一共有四门科目：一是理论考试；二是技能操作；三是识看装配图，并用电脑CAD程序绘出主要零件图，然后编制零件的加工工艺；最后是考核数控机床四方刀架的拆卸和安装。求学时的扎实基础和入职多年的丰厚经验，让刁统武在理论考试和技能操作考核中游刃有余。考到第三门识看装配图、运用电脑CAD程序绘图时，刁统武出色的识图能力和绘图水平更是凸显出来。

此外，关于零件的编制工艺，刁统武不仅在技校学过，获奖的毕业设计中也动手实践过，因此刁统武完成前三项科目可谓是轻而易举。尤其是绘图考核时，刁统武凭借多年经验累积高效优质地完成了操作，之后面对操作难度更大的编制工艺就更不用提了。三门比完刁统武并未因领先而松懈，到了第四门眼看即将临门一脚就顺利通关，可面对拆卸安装数控机床四方刀架的考核内容，刁统武却犯了难。

参赛之前刁统武从来没见过数控机床四方刀架，对其使用原理也是一窍不通。考题当前刁统武只能上手，他在拆卸过程中尝试摸索，结果试探半天硬是没找到诀窍。他用余光看到身边竞争者正在熟练上手操作，眼看着就要被反超，豆大的汗珠顺着刁统武的脸颊直往下淌。

情急之中，有人越急越乱理智崩盘，也有人沉思若水剖决如流。从情急中迅速定心凝神的刁统武，显然属于后者。"冷静，一定要冷静下来。"刁统武一边深呼吸，一边在心中不断默念。与此同时，过往掌握的理论知识随他的思绪迅速涌现，工作以来的操作画面如同电影放映，一帧帧一幕幕在他眼前纷纷闪现。一条忽明忽暗的破局线索若隐若现。

大脑高强度运转，让人有微微缺氧的感觉。就在刁统武下意识抬头，想要呼吸新鲜空气时，乍现的灵光将思维的闭塞瞬间刺穿。说不清是哪一行理论或是哪一幕操作，刁统武像是从乱麻堆里揪出线头，猛然间悟出了操作切入点，眼前的难题霎时土崩瓦解。解决了一开始的问题，后续操作就全部是机械结构部分了。刁统武依据以前学过的机械结构原理，凭借自己出众的动手能力，顺利地完成了后续操作。比赛结束后刁统武以钳工组总成绩第一的名次，获得了"山东省技术能手"称号。

这次比赛后，以刁统武的成绩，他本来该去沈阳参加全国青年职业技能大赛的，但由于公司外派他出国，刁统武不得已放弃了参加全国比赛的机会。但是这次参赛经历使刁统武尝到了以往努力学习的甜头，不论是技校求学时认真学习理论，还是实习期间和入职以后苦练操作技能、踏实积累实践经验，傍身的"真本事"是一切付出和努力的最好回报。"任何成功都要靠知识积累，没有任何捷径。"与此同时，略有波折的比赛过程让刁统武意识到，只有拓宽视野，增长见识，才能与时俱进，走在生产第一线；只有温故知新不断深入学习，才能取得更好的成绩。

2012年参加的全国模具大赛，是刁统武记忆中浓重的另一笔。大赛报名阶段公司领导一致推举刁统武，但刁统武考虑到自己是钳工，对模具的认知比较浅显，而且此前没有装配或维修过模具，自掂斤两后，他表示上不了。然而领导拉着他给他鼓劲儿，说他操作技能没问题，参赛经验也比较丰富，公司里没谁比他更合适了。刁统武不想辜负领导对他的信任，最终鼓足勇气报名参赛了。

此次比赛是去广州参赛，北方长大的刁统武由于水土不服，

⊙ 2012年9月，33岁的刁统武在广州参加全国模具大赛

在考核技能操作那天胃疼特别严重，甚至好几次差点儿昏厥。当天上午进行现场答辩，下午连考五个小时操作，长时间考核使参赛者的身心压力都比较大。随行领导知道刁统武的身体情况后，又是跑前跑后买药送药，又是在上午答辩时多次找组委会沟通（参赛者待考期间实行全封闭式管理）。下午比赛前眼见刁统武实在难受，领导主动询问他是否需要去医院。

刁统武本来痛得受不了想退赛的，但看着领导一大把年纪来回奔忙的身影，他硬是忍住没说出口。中午吃饭时刁统武吃不下别的，只能喝点儿粥垫垫胃，下午考操作的那五个小时，刁统武一直强忍着胃痛艰难操作。后来实在痛得狠了，刁统武干脆聚集全部注意力，把自己从剧烈的胃痛里摘了出来，"我当时就一狠心不去想它，考完后再说"。

虽然刁统武凭借毅力克服了身体上的病痛，但是面对不算熟悉的模具，光是看考题就是一种煎熬，更别提之后根据模具图纸一步一步地进行加工、装配了，关键图纸还是装配图纸而非刁统武熟悉的零件图纸。总之，刁统武在前所未有的劣势处境中，按照图纸标准、技术要求扎扎实实进行操作，最后提前二十分钟完成了模具的加工和装配，试模也非常顺利，全程不到十分钟。整整一天下来刁统武浑身精力耗费殆尽，回到酒店后倒头就睡，连晚饭也没吃。

直到第二天早上领导去看望他，并告诉了他比赛成绩。碍于身体状况，脑子还迷迷瞪瞪的刁统武直接愣在了当场。他怎么都没想到，一共123名参赛选手，自己一个非模具专业临时被拉来救场的，实践操作成绩竟然能排第八！关键还是在那么艰难的情况下赛出来的，坦白说获得"操作技术能手"称号时刁统武还觉得特别不真实。

通过这次比赛，刁统武学到了很多模具知识，同时他也通过自身经历切实明白了一个道理："真本事"骗不了人，平时多动手操作、多积累经验，没准儿能在意想不到的地方帮大忙。更重要的一点是做任何事情都要认真对待，做任何事情都不要轻易放弃，坚持到底就是胜利。

第三章　拔节生长：
在解决问题中不断迸发

两难当前，双"管"齐下

2012年10月，中国重汽集团济南卡车股份有限公司新增了T7H系列（HOWO-T7H，豪沃车牵引车系列）焊装线。建线初期，刁统武被调入焊装一分部，负责该焊装线夹具的现场安装，以及驾驶室生产调试工作。这条焊装线车型较多，结构切换也比较复杂，除了车间原先生产的四种车型外，还新增了窄标、窄长和窄高三种车型，现在总共可生产七种车型。

这项工作对于刁统武而言意义非凡，因为这是他第一次现场负责这么大规模的生产线调试工作。为了尽快调试成功以保障正常生产，刁统武身先士卒，和施工人员一起加班加点，连轴转了两个来月，中间基本没休息过。经过多次调试后，刁统武他们依据实际调试情况，向施工方提出了多种优化改进方案，施工方也及时配合进行调整。然而最后仍有两个问题达不到技术要求，施工厂家始终解决不了。

第一个问题是前风窗骨架的安装问题。风窗骨架安装时经常与侧围相撞，安装位置的上下误差也较大。此外，前风窗骨架总是无法准确安装，这就影响了上下两个风窗的尺寸，并导致总装玻璃安装困难。眼看着离产品验收时间越来越近，刁统武的心火也越燎越急。虽然主要由施工厂家负责制造和安装，但作为现场调试负责人员，刁统武自认为也有很大的责任。那几天刁统武几乎拼了命，争分夺秒地反复测试、反复调整，不仅中午吃饭是在焊装线上，他巴不得卷个铺盖卷儿，连晚上睡觉也在生产线上解决了。最后，刁统武通过改动风窗骨架的吊具气动控制系统，并更换原系统上增加的气动控制阀，最终解决了风窗骨架的安装问题。

第二个问题出在驾驶室数据上。作为整条焊装线验收时的重要参照指标，驾驶室数据中的装配精度和送检通过率至关重要。由于窄体车型中很多部件都是改制件，无法达到冲压成型制件的高水准。产品改制的误差加上焊接的误差造成了误差的积累，致使驾驶室的生产质量受到很大影响。还有一点，由于焊装线生产的车型较多，对于夹具的柔性化要求过高，无法保障各种车型驾驶室生产质量处于同一水准，这就降低了产品送检通过率。

为了解决夹具柔性化有限的问题，刁统武对夹具所有的定位结构进行了全面分析，经常从早上上班一直工作到晚上八点多。系统分析的工作量巨大，有好几个工作日下班后，刁统武拉着技术经理，一起分析到晚上十点多。除了睡觉时间不能"节省"和"兼并"，那段时间一天到晚不管刁统武在做什么，几乎都和原因分析同步进行。所谓"精诚所至，金石为开"，最终，刁统武他们找到了影响生产尺寸的原因。等让生产厂家把夹具位置全部修正过一遍，驾驶室数据总算达到了技术要求。

这次项目从安装到验收，刁统武全程参与，并在解决问题时用上了自己入职中国重汽集团以来学到的全部知识技能，包括气路控制改进、驾驶室焊接、夹具定位结构改进等。攻坚阶段连续一个多星期，刁统武每天都处于冥思苦想的状态，高强度的精力消耗和超负荷的大脑运转，当中的辛苦也许只有刁统武和与他共同攻坚克难的同事知道。

但是刁统武觉得这段劳心劳力的经历很值，因为在解决问题的过程中，他不仅将已掌握的知识学以致用，而且在攻坚克难中又学到了很多新的知识技能。比如在向施工方提出优化改进方案时，刁统武接触到了不同的厂家，并在调修夹具时了解到更多的驾驶室定位结构。"一句话，我又学到了真本事！"刁统武就是这样，不辞辛苦背后，有一颗渴求新知的心。

独辟蹊径，主动创新

2012年底，公司对厂房里的车门包边机进行过一次大规模调修。当时包边机的液压和气动备件部分都是进口件，一旦出现老旧或损坏情况，国内市场上很难买到替补件。而且包边机的控制系统是外包的，实际操作起来非常复杂，整个包边过程都由气控连锁，按照"放置车门—车门传输—车门进入包边机—车门包边—车门出包边机—车门向外传输"的流程逐次进行。

为了解决部件替换困难和操作复杂的问题，公司专派了维修人员进行调修，可是一个多星期过去了还是没有调修好。另一边，刁统武已经被调入了焊装一分部，正负责T7H窄体线的建线工作。负责维修的同事因为知道刁统武曾有调修包边机的经验，因此跑来找他帮忙。然而当时正值刁统武第一次承接大规模生产线的调试工作的关键期，刁统武实在分身乏术，于是他委托另外两名现场工程师去帮忙。两位工程师也非常敬业，中午没顾上休息就赶去帮忙了，可是谁承想一行人忙了一下午包边机也没调修好。没办法刁统武只能亲自赶过去，不等细看，他一瞟包边机就啥都明白了，同时解决方案也在他脑子里迅速闪现。刁统武当场建议道："不修了，什么时候修好还不好说。即便修好了以后再坏了，还得浪费很长时间查找故障。根据现有的控制元件重新设计控制系统，这样给以后的维修也提供了有力的依据。"他的这一提议得到了领导的支持，于是当天晚上刁统武就开始画图，之后又经过反复模拟，一直工作到次日凌晨一点多才算完成。第二天他也没顾上多休息，又花了一上午的时间彻底修复了包边机的控制系统。

每当有人囿于常规、耽于惯性、陷入思维困境时，刁统武总是以创新思维独辟蹊径，敢于另起炉灶积极主动解决问题。试错不要紧，关键是要敢于试错、坚持试错，并能从多次试错中吸取教训总结经验。没准儿创新创造的灵感正从一次次试错里破土萌发，遇到合适的时机便能郁郁苍苍、枝叶盛大。

共渡难关，团队初成

2013年是刁统武进入焊装一分部的第二年。一次，他在接收A7车型原夹具资料时发现，夹具的数据和驾驶室的坐标数据完全对不上，也就是说测量后驾驶室的数据无法吻合相应的夹具数据。在询问过测量人员后刁统武得知，当时请外国专家进行调试，这个问题根本没有解决。驾驶室和夹具两者数据不统一后果很严重，生产装配时不仅增加工作量，而且操作起来非常烦琐，还可能造成分析错误，浪费更多时间，因此数据统一的工作必须尽快完成。

当时，刁统武所在车间共生产5种车型，配备112台夹具，要想统一全部数据，工作难度很大，工作量也非常大。但是刁统武想："既然工作到了我手里，我就必须克服困难，好好完成！必须解决！"于是，在领导的支持下，刁统武专门组织成立了解题小组，正式开始技术攻关。

起初，刁统武安排小组成员每人做一个班组的夹具测量作业指导书，要求全部按照驾驶室标准数据去做，然后逐一进行检

⊙ 2013年3月，34岁的刁统武在T7H焊装车间工作

测。但是在具体实施过程中，他才发现自己的想法过于简单，也终于明白为什么外国专家没能解决这个问题。因为不仅夹具数据错误很多，而且大量图纸也与现场实际情况不符，类似这种问题给工作开展带来了极大的困难。大家都有些泄气，甚至个别人想要放弃。

这时候刁统武积极鼓励大家既然做了就努力完成，搁下问题很容易，再想捡起来却很难。如果他们现在放弃了，这些就会成为永远解不了的难题！之后刁统武以身作则，每个夹具的检测他都坚持跟进，出现问题也第一时间修改调整。经过近半年的努力，解题小组终于完成了夹具数据与驾驶室数据的全部统一，完成了这项在当时看起来完全不可能完成的工作。

这次攻关，不仅增强了刁统武小组解决问题的信心，同时提升了项目小组成员和检测人员的专业知识素养。更重要的是一次次的测量调修，巩固了他们对驾驶室空间坐标的掌握，为今后的工作打下了坚实的基础。刁统武坚信不管以后车间新上哪款驾驶室，他们攻关小组都能快速了解它的构造、夹具定位布置结构、工艺布置和需要的生产装备等。这又是一段学到真本事的宝贵经历。而更令刁统武欣喜的是，随着团队的逐渐成熟，他有了更多的勇气和底气行走在攻坚克难的路上。

一心为公，新老产品共线生产

入职中国重汽集团以来，刁统武一直是公司的业务骨干，公司不仅为他提供广阔的工作平台，也为他提供优质的学习资源。对于公司的培养刁统武心怀感激，因此他珍视每一次学习机会，站在公司的优秀平台上迅速成长。入职多年来刁统武坚守一线，在自我提升的同时积极回馈公司，他以自身精湛的技艺为基础，充分发掘创新意识，极力为公司节能增产。

2013年8月，集团公司新发布了一款改款车型，该车型是在A7-T7H重型卡车的基础上进行改进。改进过程中由于T7H驾驶室的前悬需要更换减震器，因此需要对驾驶室的前围减震器安装结构进行改进。然而，改进后的驾驶室前围与老车型不同，新车型无法在原有焊接工装上进行生产，这就意味着公司必须新建改进部分的焊接工装生产线和相应的焊接设备。

由于首次尝试改进这款车型，没有任何经验可供刁统武他们借鉴，改进工作不仅操作复杂，集团公司规定完成的时限也

⊙ 2014年4月，刁统武（中）在T7H焊装车间给组员讲解夹具维修

迫在眉睫。在当时刁统武设计水平有限的情况下，虽然他用数模反复进行对比模拟，夹具也是调来改去，可还是无法解决问题。公司领导得知这一情况后，计划重新对该焊接工装生产线和所需的焊接设备进行新建。如果新增夹具，就需要增加焊接设备等多项工程投资，这样一来不仅加大成本，工作场地也要随之扩大。

"节约产能，提高生产效率"一直是刁统武的工作目标。作为一线维修钳工，刁统武没有选择放弃，而是通过另辟蹊径的方式寻找解决问题办法。在仔细对比新老车型的结构后，刁统武重新构思，最终大胆提出另一条思路——改进产品件，在新产品上多加一个孔。在以往生产流程中，产品件主要由集团汽车研究总院进行设计和改进，生产现场一般不负责产品件改进，刁统武他们只需根据产品件改进夹具。然而为了解决问题，刁统武既要"大胆假设"，也要怀着严谨匠心"小心求证"。如果这条思路可行，他们就可以在原有夹具上重新设计定位结构，之后再对其控制系统进行改进，按照预期就能实现新老产品共线生产！

他把这一提议上报技术部门后，汽车研究总院负责人抵达现场进行了实地调研，并同意了刁统武的建议。于是，刁统武着手车型和夹具的改进，通过调整新夹具可以满足新老车型切换生产，无须另外增加设备和扩大场地，为公司节约了大笔投资，使焊接生产达到了柔性化生产的目的。

这次车型的成功改进，对刁统武自身技艺的精进意义重大。"这次改进是我第一次用3D软件去模拟、设计夹具，而且也是我第一次设计改进这么复杂的夹具。同时也是我第一次从产品件的角度考虑设计改进。"不同以往改进夹具，在刁统武从改进产品件的角度思考创新时，他本身的技能也在创新实践中大幅提升。此外，这次成功改进的经验让刁统武明白了一个道理，那就是工作中尤其是在创新时，思路不能局限于当前，而是应该打破常规，从多维度思考问题。所谓横看成岭侧成峰，定式思维的水帘后往往别有洞天，其或是柳暗花明或是曲径通幽。

昼夜坚守，一天掰成两天

2015年，刁统武接到一个规模更大也更具挑战性的任务——负责T5G（HOWO-T5G，豪沃车一款车型）四开门驾驶室的建线工作。前后历时一年的建线工作，刁统武从夹具制造厂家图纸会签开始，一直到驾驶室质量问题的解决，整个建线过程他都在一线全程参与、全程负责。

当年10月，济南卡车股份有限公司接到通知，中国重汽集团将在年底召开商务大会，要求公司生产出T5G四开门消防车随会参展。依据与会时间推算，刁统武所在工厂需要在11月前完成T5G四开门驾驶室的生产。然而当时摆在他们面前的情况并不乐观：夹具生产厂家装配进度仅完成75%左右，气路控制系统根本没有安装，四开门部分产品件外协厂家也没完成制造……

诸如此类的问题还有很多，时间紧任务重，公司领导紧急协商果断拍板，最后采用的方案是，所有产品件经外协厂家完成生产后运回公司检测检验，通过检验后再直接运到夹具厂家进行焊接安装。在整个生产流程中，刁统武负责临时制订产品的检测方案、确定产品的检测位置。为此，刁统武提前一周前往夹具厂家，与施工人员充分沟通，积极尝试。当时面临的最大难题是，合作的天津厂家，他们的焊接设备根本无法生产四开门驾驶室。

这一问题可说致命，然而情势急迫，临时更换厂家或设备都不可能。这时候刁统武多年的设备维修经验起到了关键作用，他对所有设备的参数进行了多次调整，根据实际要求改变了驾驶室的工艺方案。落实到实际生产过程中，刁统武对厂家的焊接工艺进行逐步指导，面对夹具无法自动夹紧的情况，刁统武组织施工人员手动夹紧，之后一边测量一边焊接。只见驾驶室里忙碌的身影爬上爬下，刁统武他们每天从早上忙到晚上八点多，夹具不合适修卡栏，产品件不合适修产品件。就这样没日没夜连干三天，第一台驾驶室终于下线了。

顾不上休息，刁统武又连夜组织产品检测，直到晚上十点多才出检测结果，令人高兴的是产品质量完全达到了技术要求。之后的日子，T5G四开门驾驶室建线工作大约持续了一年多，包括安装、产品件检验、产品验收、驾驶室质量改进等工作。不得闲的一年多里，刁统武真可谓做到了"一天当两天用"。有时候他去外协单位出差，连续好几次加班到凌晨两点，长期高强度工作对人的脑力、体力造成了极大的消耗，项目结束后，刁统武瘦了十斤。

甭问刁统武累不累、苦不苦，实打实的消瘦闭眼都能摸出来。但是当他看到三十辆T5G消防车完成生产、看到崭新的车队发往香港参展时，自豪感油然而生。那一刻踏实的成就感化作一股暖流，将刁统武的疲惫劳苦逐一抚慰，让他觉得再苦再累全都值了。

每次项目完成后刁统武都会进行"学习反思"，毕竟人的一生是通过学习不断成长的过程，唯有自知才能找准自己的定位，只有看清来路才能更坚定地踏上征途。通过T5G四开门驾驶室建线项目，刁统武不仅进一步掌握了驾驶室与夹具之间定位结构的运用，而且学到了部分先进驾驶室的结构和组成。此外，由于全程参与建线工作，刁统武自身的知识技能也得到了较为全面的提升。

以身为范，工匠本色

繁忙的2015年随着T5G四开门消防车的顺利参展圆满结束，可是对于刁统武来说，2016年又是全力与时间赛跑的一年。2016年5月下旬，济南卡车股份有限公司承接了"T7H驾驶室卧铺加宽"（"T7H驾驶室卧铺加宽车型工艺工装开发及焊装线改造"）项目。应中国重汽集团要求，T7H驾驶室卧铺加宽车型必须在年底前完成生产，并在当年12月的中国重汽商务大会上呈献给一众大客户。

这实在是个艰巨的任务，需要项目组内各生产部门间高效配合。对于刁统武所在的车身部而言，几个月的时间内他们需

⊙ 2016年2月，刁统武在T5G四开门车间维修夹具

要完成的工作有：产品件数字模型成型分析、组织供应商产品件模具的开发与验证、焊装线改造、焊装线与涂装线的通线模拟等，这又是一次时间紧迫任务繁重的艰苦挑战。

该项目主要内容是生产T7H驾驶室卧铺新增宽体后围改款车。宽体后围改款后无法在车身部主拼生产线上生产，因为后围突出夹具不能使用、吊具无法施展，也不能用机器人进行焊接，因此对主拼焊装线的改造势在必行。为了充分利用8月和9月的黄金时段，在生产过程中争取到更多时间，刁统武提出了一个大胆的想法——手工制作卧铺加宽后围产品件。

不管是外行还是内行，乍一听刁统武的提议着实让人瞠目，但是他既然敢提就绝不会是妄想。其实主要还是因为时不我待，因为后围是模具冲压，而模具的生产周期较长，如果等模具和产品都生产出来再进行焊装，不仅会拉长项目耗时，而且会影响新产品投入市场的计划。考虑到这些问题，手工制作卧铺加宽后围产品件可说是优选解法。

于是当年7月，刁统武和同事们顶着三十五摄氏度高温辛苦开工。他们充分利用冲压车间的工艺废料，选定合适尺寸后下料切割、折弯，再进行拼接，并且成功焊接出一个外形轮廓相差无几的"样件"。施工过程中为了节省时间，刁统武的徒弟刘书堂提议一切从简，依情况适当忽略细节。他认为手工制件关键在外形轮廓，局部的孔洞可以用纸壳进行粘贴。

　　徒弟的建议让刁统武感触良多，他想起三十多年前询问母亲的自己。

　　小时候刁统武跟着父母去桃园松土除草，为了图快他刨完草随便松了松土，一回头却看见母亲沿着他的足迹重新刨了一遍。刁统武不解地询问母亲，常年务农的母亲摸摸他的头，告诉他只把草头刨掉也不好好松土，这样风吹雨落后野草很快又会长起来。要往深处松土，要把草根翻出来，这样才能达到给果树松土的目的。草少了，就不会和桃树争肥料，土松了树才能长得快，桃才会结得很大。母亲虽然没读过书，但她从种地中悟出了适用于人生的道理："在地里干活儿和过日子是一样的，你对它好，它就对你好。你真心付出了，回报也就来了。在以后不管是生活还是工作，都要认真对待、认真去做，任何事情不要糊弄，否则糊弄的就是自己。"母亲以身作则的教育让刁统武受用一生，少走了很多弯路，不论是学习还是工作刁统武始终认真对待，高度自律反复推敲，直到自己满意为止。他身上精益求精的工匠精神正源于此。

　　三十多年前，勤劳朴实的母亲培养了刁统武这株苗壮幼苗。如今，刁统武对青葱的刘书堂语重心长地说："我们费了九牛二虎之力，只需要再多做一点点，就能完成一个克隆版的样件。我们不只是要做成这个项目，更重要的是要做好这个项目。我们不只是对眼前焊装线进行改造，更要为涂装线、总装线的调试做好准备。我们要在正式的工装样件上场前，随时都能提供一个生产线调试件。"

在平凡中追求不凡，于无声处始终坚守，这是刁统武朴实而崇高的职业态度。在维修钳工这个平凡的岗位上，刁统武每次参与项目都不只考虑完成自己的工作，他说的每句话、做的每一个决策，都是站在生产全局上进行考量。为人师表，刁统武以身为范、凭技服人、以德感人，通过言传身教向后辈工人传续精益求精的工匠精神。

"刁统武老师的一番话让我意识到我在职业价值观、使命感、前瞻性上的差距。他为我树立了模范性的职业态度、职业观念。"这是刘书堂跟随师傅参与"T7H驾驶室卧铺加宽"项目最大的感悟。需要像"玉米扒皮"一样逐层深入了解的刁统武，凭借日常工作生活中表现出的人格魅力，使徒弟们深深敬服。一番良苦用心让刘书堂立志向师傅看齐，成为一个"德技双全"的新时代工人。

到了8月份，卧铺加宽后围产品件完成手工制作和应用以后，刁统武他们接着完成了车身部焊装线关键风险点的现场排查与确认，并开始着手对主拼焊装线的改造。9月，车身部利用手工制件再次完成焊装线的初步调试，完成后手工制件又用于涂装线关键风险点的现场排查和初步调试。事实证明，刁统武提议的手工制件在保障生产流程中起到了关键性作用。10月7日，首批次五辆份宽体后围件送达车身部焊装现场，经过检验合格后，10月14日开始焊装线和涂装线的精密调试和确认。10月16日，T7H驾驶室卧铺加宽在涂装一现场分部成功完成电泳和机器人喷涂调试。截至此时，这个困难重重的项目，比原定计划竟然提前两个月顺利完成！

更值得一提的是，T7H驾驶室卧铺加宽车型除了在年底的中国重汽商务大会上惊艳亮相外，自商务展会之后，它实现了垂直式车型替代与切换，高度吻合了集团公司在牵引车市场的布局。

每一次项目顺利完成，刁统武都会感到欣喜，不仅因为他能在工作中学以致用、获得新的知识技能，更因为自己的工作契合公司发展方向。作为公司的一分子，刁统武能为企业未来助力，并能够从中获得集体荣誉感和自我成就感，这是令他受益终身的精神财富。

解放人力，机械"手替"

完成"T7H驾驶室卧铺加宽"项目之后的几年间，刁统武又陆续解决了一些项目附带的问题。

2017年，T7H驾驶室的小风窗因为存在漏雨问题，公司决定将有机玻璃小风窗改为金属材料小风窗。两种小风窗在安装工艺上差别显著，有机玻璃小风窗安装工艺是用密封条安装，不需要借助任何工装夹具和辅助材料，直接用密封条将小风窗和驾驶室连接在一起就能完成装配。但是金属材料小风窗需要借助强力胶将小风窗与驾驶室黏结在一起。小风窗周边与驾驶室之间存在4毫米左右的间隙，这个间隙也就是强力胶的厚度，安装过程中很难进行精准控制。

刚开始时操作人员用强力吸盘进行安装，然而因为小风窗周边的间隙并不均匀，导致间隙大处强力胶的厚度就大，间隙小处强力胶的厚度就小，黏结强度也弱，漏雨风险也更大。除了安装难度大、成品质量参差不齐，还存在人工安装效率过低，无法满足现场生产节奏的问题。刁统武要想办法解决这一难题。

刁统武来到生产现场，在观察人工安装金属小风窗的操作流程、对小风窗的安装要求及质量控制情况作了全面了解后，他决定动手设计一套小风窗装具。于是，刁统武依据现有操作难题总结了需控制的参数，在充分吸纳了多方的指导意见后，花费了不到一周时间完成了小风窗装具的设计。随后车间购买相应备件，在刁统武他们的工作室里完成组装，并安装气路进行调试，不久后即应用于生产。作为工装"疑难杂症"的克星，刁统武设计的小风窗装具解决了生产技术质量难题。

2018年，刁统武所在的车间有一台2008年制造的老工装夹具，是生产T7H驾驶室卧铺加宽车型时安装车门铰链螺母板使用的。由于铰链螺母板在车门内是活动的，因此需要将螺母板安装在车门加强板内，并使用手锤敲击，将螺母板的两端敲击折弯30°左右，以保证螺母板不脱落。这项安装工艺存在很多弊端。首先操作人员的劳动强度非常大，每天生产结束后胳膊都会又肿又痛，第二天也无法继续该工作，因此需要每天更换操作人员。此外，人工操作很容易将手锤敲击到加强板上，这将会直接影响驾驶室的焊接质量，以及驾驶室整体的装配质量。正是这些因素导致手动安装车门铰链螺母板的效率很低。

⊙ 上图　2017年6月，刁统武在T7H车间检修夹具

⊙ 下图　2018年5月，刁统武在T7H车间改进焊接夹具

针对这个问题，有很多人尝试过改进，可是都没有成功，久而久之人工低效率安装成为制约车间生产的难题。为了攻克这一难关，刁统武根据铰链螺母板和加强板的安装要求，反复模拟对比试验，用了一周时间设计出了铰链螺母板折弯工装，并利用现有能源压缩空气，采用气动原理，用气缸的推力和铰链杠杆机构替换手锤的敲击力，把铰链螺母板折弯到需要的角度。这样，既保证了铰链螺母板折弯角度的统一性，又避免了因手工敲击不当而损坏产品件的情况。

等刁统武完成了设计，他立即带领徒弟们开始加工，只用了两天时间他们就安装调试完毕。铰链螺母板折弯工装正式用于生产，不仅解决了车间十多年来人工低效率安装的难题，而且大大减轻了操作人员的劳动强度，按一下按钮就可以让机器人完成操作，螺母板的折弯精准度也提升了将近十倍，再也不用天天挥舞几百下手锤了。

第四章　　　枝繁叶盛：
桃李不言，下自成蹊

刁统武创新工作室

中国重汽集团党委历来重视职工队伍建设，注重工匠精神培养。为培养工匠人才、拓宽职工成长成才渠道，2012年6月8日，中国重汽集团济南卡车股份有限公司工会委员会下发《关于创建创新工作室的实施意见》，内容有关于申报创新工作室的目的、工作室的任务、工作室申报条件以及申报程序等。创建创新工作室，意在鼓励职工把工作、学习与创新有机结合起来，是专为高技能人才搭建起的成长摇篮。

多年来，刁统武不仅在技术创新领域多有建树，并且满怀高度的集体荣誉感，热心助力企业职工队伍建设，在"岗位练兵""导师带徒"中贡献了强大力量。在申报创新工作室以前，刁统武已经组织成立了研究驾驶室焊接尺寸方面的攻关小组，主要解决驾驶室焊接尺寸控制、设计定位器、夹具改进等问题。由于攻关小组的技术研究成果在实际生产中很有成效，刁统武切实体会到这一组织形式的积极作用，于是当相关文件下发后，刁统武抓住了这次机会，依据文件中具体的实施意见，向公司正式申报成立创新工作室。

创新工作室正式获批成立之初，刁统武的攻关小队只有六个成员。工作室最初面临的攻关目标就是解决HOWO驾驶室侧围焊接稳定性的质量问题，以及HOWO驾驶室大灯支架焊接偏斜的问题。侧围焊接稳定性的质量问题出在公司里HOWO驾驶室可配备的两款主要车型，分别是加长车型和短车型。驾驶室生产出来以后进行装配，结果两款车型安装后的车门间隙不一致。

加长车型车门间隙较大，并且导致驾驶室顶盖安装困难，就算勉强完成顶盖安装，顶盖棱线也与侧围棱线不平齐，严重影响了驾驶室的外观质量。短车型则是安装后车门间隙太小，导致总装车门锁安装比较困难。两款车型的质量问题都非常严重，为了保障车型正常生产，项目主任将"破题"的希望寄托到了刁统武的创新工作室上。

以往的攻关经验让刁统武当机立断，把小队成员分成了三组：一组负责对产品单件进行分析检验，一组负责分析焊接过程，一组负责夹具和驾驶室的检测分析。三个小组同时运行，高效推进，经过现场三天的跟踪和分析，他们确定了问题点出在夹具运作上。焊接装配过程中，产品件定位没有问题，而是在夹具夹紧过程中造成了产品偏移。后续经过深入分析，证实夹具本身

⊙ 2012年12月，刁统武（中）在新建的工作室给大家讲解装具的使用

也没有问题，产品件定位也符合定位原则。

套娃似的"病根"揪不出来，属实让人心力交瘁，主要是因为汽车车身产品单件焊接时，需要考虑的因素较多，且一旦出现质量问题，从产品特征、焊接过程、焊接定位等方面都可能找出原因。最后，终于发现产品偏移的根源在于产品特性，由于产品是薄板件，所以焊装过程中很容易造成变形。揪出"病根"就好办了，刁统武他们当即根据产品特性对夹具进行分析讨论。最后，大家讨论结果一致，认为产品单件需要经过定位才能保证焊接尺寸。

后续操作安排上，刁统武负责夹具的设计改进，其他成员则对新改进的夹具安装和检测。新改进夹具完成后进行生产，两款车型车门间隙不一致的问题被彻底解决了，不仅达到了焊接尺寸要求，而且焊接质量也有所提升。

这次攻关的成功对创新工作室的成员来说意义重大。

首先，这是工作室全员第一次参与的项目攻关，和之前小组单独攻关相比，刁统武的感受明显不同。不仅解决问题的效率大幅提升，而且在问题分析和讨论的过程中，组员们充分交流各自的想法，在借鉴了彼此的意见和思路后，以前那种个人绞尽脑汁去想办法的现象很少出现。其次，这次项目的顺利攻关让大家都感受到了集体智慧的力量，极大地鼓舞了今后创新攻关的决心。

　　鉴于刁统武领导工作室成功攻关的杰出表现，集团公司特意以他的名字命名创新工作室——"刁统武创新工作室"。这既是对他功劳的表彰，也为其他员工树立起了标杆。

　　就这样，刁统武和他的组员们在屡次攻坚克难中自我磨砺，不仅使个人的专业素养得到质的提升，而且为公司的技术创新立下汗马功劳。时至今日，"刁统武创新工作室"技术创新成果累计达到了五百余项，为企业解决了大量的生产和质量问题。创新工作室在2016年和2019年分别被授予"济南市工人先锋号"和"山东省工人先锋号"等称号，2019年还被授予"济南市劳模工匠创新工作室"（济南市示范性劳模和工匠人才创新工作室）的称号。此外，工作室成员中有2名"全国技术能手"、4名"山东省首席技师"、2名"齐鲁工匠"、2名济南市创新能手，1名"市中工匠"（济南市市中区工匠）、4名集团劳模等。

亦师亦友师徒情

一、因材施教，实践理论巧结合

　　说起带徒弟，近年来仍在"师徒结对"活动中发光发热的刁统武小有心得。工作二十三年来，刁统武总共带过三十多个徒弟，一方面他始终努力履行为人师长的职责，将自己在多年工作中总结的经验、积累的技艺倾囊相授；另一方面他在日常相处中亦师亦友，主动向徒弟们学习新时代的新观念。刁统武带的徒弟学历层次参差不齐，既有技校生，也有本科生和研究生。由于他们各自学校的培养方向各有侧重，"如何因材施教"是刁统武多年来致力于摸索、总结的核心问题。

比如刚毕业的大学生普遍上进心很强，在工作态度方面积极认真，肯钻研、肯动脑，遇到问题非把它"吃透"不可。这种钻研精神是他们的长处，应当加以鼓励和赞扬。与此同时，应届大学生的短板也很明显。课本上学来的理论知识毕竟单薄，刚开始接触实践操作时他们难免抓瞎，而且因为入职不久，他们也大都缺乏工作和处事经验。针对大学生的能力短板，刁统武认为只能通过多次实际操作加以弥补，对此他一直在摸索更有效的方式。

起初，刁统武会领着徒弟们去生产现场，向他们介绍一些关于车间的知识。在解说各种夹具工装时，刁统武通常会对夹具抓手等相关操作进行现场演示和指导，并通过讲解相关工作内容与设备操作方法，让他们能够尽快熟悉车间的生产节奏，熟悉自己需要负责的工作模块。根据以往实践经验看，在这一过程中徒弟们会有明显进步，特别是在弥补自身动手能力不足等方面会有很

⊙ 2016年2月，刁统武（左）在T7H车间签订导师带徒协议

大的帮助。等他们对工作场地和生产流程基本熟悉后，刁统武就会着重培养他们独立思考的逻辑思维。

每当车间生产时，刁统武都会带徒弟们守在现场，要求他们在一线观摩中记录所有影响生产的问题，并引导他们深究产生问题的原因。为了锻炼后辈独立解决问题的能力，刁统武时常抛出一些经典问题，让他们自己动脑思考并记录到PPT上。解决问题的经验是慢慢积累的，刁统武相信只要徒弟们长期坚持，总能有独当一面那天。此外，工作闲暇之余，刁统武经常结合自己的工作经历和经验，和刚入职的徒弟们交流分享，鼓励他们多读书、多动脑，最重要的是多实践。

"在正确的时间，跟正确的人做正确的事。"对于徒弟宋红丽来说，刁统武无疑是她工作上的引路人和指明灯。回想起自己刚毕业参加工作时的情形，站在新起点，面对新挑战，原本对新生活满怀抱负的宋红丽，难免陷入迷茫困顿中。幸运的是初入社会的她站在中国重汽集团的高平台上，遇到了优秀且令人钦佩的刁统武。在师傅刁统武的帮助下，宋红丽的实践能力、表达能力，包括自身对工作的把控能力都有了较为显著的提升。正是师傅的因材施教，让她有机会把大学四年学到的理论知识和实践操作完美结合起来。

在跟随师傅学习的过程中，刁统武过硬的专业能力让宋红丽受益匪浅，"他将自己二十几年总结出的工作经验倾囊相授，亲自带我去车间学习操作，传授我岗位的技能、工作的技巧和诸多相关的理论知识，及时纠正我在工作中的不妥之处。帮助我快速熟悉车间的流程和相关机械设备。在生产时，刁工也会给我讲机器设备的操作原理以及基本流程，并且不厌其烦地为我解答疑惑"。就这样，在刁统武的悉心教导下，宋红丽快速熟悉了车间的生产流程，掌握了如何判断驾驶室的质量问题，切实实现了自身理论知识和实践操作的优势互补。不知不觉中，宋红丽在技术操作、图纸绘制甚至是语言表达等多方面都得到了明显提升。

刚来到焊装自动化生产线时，贾明旭整个人是茫然的。面对从未接触过的先进自动化生产设备和工装夹具，无从下手的茫然和窘迫依然历历在目。"是刁老师耐心地给我讲解自动化设备的工作原理，手把手教我如何处理生产中工装夹具出现的各种问题、如何调试工装与驾驶室尺寸偏差问题。"跟随师傅刁统武学习的过程中，贾明旭学会了从各个角度寻找设备工装存在的细小问题，掌握了通过改进改善相关设备实现工装夹具高度自动化的技术。从刚毕业时对工作岗位懵懂的青年，到现在能够独当一面的小能手，回望自己的成长道路，处处都是师傅刁统武的印记，正是师傅谆谆的教诲和无私的付出成就了今天的自己。

对于徒弟孙硕硕来说，能通过2018年的"导师带徒"活动与

⊙ 2022年1月，刁统武（左）带领徒弟试装产品

刁统武结为师徒关系，是他入职以来一大幸事。在孙硕硕眼里师傅尤其令人敬佩的一点，是他身上的企业意识和奉献精神，他为青年员工营造出了技术创新和工艺改进的良好氛围。"世上无难事，只要肯登攀。"踏实肯干就能出成绩，这是师傅以身为范给予他的精神指引。

在"导师带徒"的教学过程中，刁统武为孙硕硕量身制订了成长计划。先是进行实践操作的培训，使他基本掌握了工装夹具的设计技巧。之后又成立了技术难题攻坚小组，让他在项目攻关的过程中得到充分锻炼。通过不断的实践和摸索，如今，孙硕硕基本能跟上师傅的思维节奏，也能独当一面处理一些简单故障了。孙硕硕深知，自己的快速成长离不开师傅的悉心栽培，他很感谢公司为青年员工提供此类成长平台，让他能遇到职业生涯中的贵人、人生道路上的向导。

二、互促成长，培养独立逻辑思维

在工作上刁统武一方面极为严谨，任何数据和细节都要做到极致，不容出现丝毫差错；另一方面对于后辈他又是宽容的。"他从不介意徒弟犯错，他在乎的是能不能把徒弟教会、教好，对待徒弟，他倾囊相授、毫无保留。他讲解问题时井井有条、层次分明，深入浅出的语言让徒弟们能够真正理解，并将理论与实践有效结合。"这是徒弟张昕眼中的师傅，面对生产难题敏锐如鹰，永远以平实、精简的语言直指要害。但在和徒弟们的日常相处中，刁统武又是格外谦逊的，他非常重视和徒弟们的讨论交流。在不遗余力向徒弟们传授专业知识技能的同时，刁统武也跟随他们学习新时代的新观念。更新观念是为了紧跟时代步伐，也是为了深入了解青年人的思维方式，只有知己知彼才能给予他们更具针对性的指导。在师徒共同切磋和研讨中，刁统武毫不吝惜自己的意见，徒弟们也都能及时准确地提出问题。最难得的是每次探讨问题时，刁统武总是细心把握说话的语气和切入时机，想尽办法让徒弟主动发现自己的不足，并能循循善诱让他们做到及时补足。

作为一名技术人员，刁统武深爱自己的事业，工作中的每一项任务他都会认真对待，包括"师生结对"培养模式中对徒弟的教导方式，这些年来刁统武一直在实践中不断探索。开展日常工作的同时，刁统武经常翻阅各类参考资料，以丰富自己的相关教学手段。和徒弟们相处时，他也总是积极了解徒弟们的作业动态，关注他们的工作质量。

"青年人的思路是开阔的，但是一些工作上快捷高效的方式也是缺乏的。"当徒弟们遇到难题时，刁统武通常先是给出时间，让他们自己先厘清思路、形成解决问题的大体方案，后期他

⊙ 2022年5月，刁统武（中）和工作室成员讨论技术改进

再逐一进行修正和专门指导。这种教学模式既能让工作任务保质保量完成，徒弟的实践能力也得到了很好的锻炼，对待问题的掌控能力也大幅提升。

在徒弟党泽民的印象中，刁老师面对问题时总有一套清晰的解题逻辑，教授过程中也要求他们培养自己的逻辑思维能力。"碰到问题他总是说不要像无头苍蝇一样乱想蛮干，那样最终只会一无所获。他提示我们从问题点出发分析问题的主要矛盾点，分析解决矛盾点所需要的理论和实践知识，列举相关解决方案，在动手尝试中找到最优解。"面对问题只有条理清晰才能事半功倍，这是党泽民从师傅身上学到的重要一点。

此外，为了培养徒弟们的综合素质，刁统武除了鼓励他们加强知识学习外，还要求他们在平时注意锻炼自己的听知能力。也就是在日常工作、会议等场合中，做到有集中的注意力、灵敏的反应力、深刻的理解力，以及牢固的记忆力。都说名师出高徒，刁统武带过的三十多个徒弟里，目前有七位是技术质量方面不可或缺的能手，有六位的强项是设备维修，其余徒弟也都是设备维修和生产方面的骨干。眼看徒弟们迅速成长，在工作中能够独当一面，刁统武内心满是骄傲和欣慰。

三、生活中的"好大哥"

刁统武在生活方面对徒弟们无微不至的照顾，既让徒弟们感受到长辈般的关怀，也让他们体会到"哥们儿"似的亲和。

不管是工作还是生活，每当徒弟们遇到难事儿，刁统武就化身"知心好大哥"。有困难主动出主意提供帮助，心情不好时拉着你一通谈天说地，再憋屈的事儿也都会烟消云散。"工作节奏紧张、思想压力大时刁老师总会第一时间开导我，他教我怎样舒缓心境，鼓励我继续勇敢向前；每次我请假没到，他总是第一时间询问有没有需要他帮助的地方。这些让我感觉，面对生活刁老师依然细致入微、无微不至。"不仅学习师傅严谨的工作态度，徒弟党泽民也从师傅身上学到了认真细致的生活态度。

"他是工作上的好老师，生活上的好大哥。"正是刁统武无微不至的照顾，让离家工作的宋红丽感受到家的温暖。初入职场时宋红丽在为人处世方面稍显稚嫩，每当她因此烦恼、气馁时，师傅刁统武便教她生活、教她做人。"他以身作则，在很多方面起到示范表率作用，他言传身教增加了我对生活和工作的积极性。"在车间生产中，师傅总是以自己的经验和理论知识，嘱咐她如何保障自身安全。

在师傅刁统武的帮助下，宋红丽摆脱了初入职场时的迷茫，很快找到了自己的工作节奏。现在，她不仅对未来的工作充满信心，生活中她也满怀着积极的态度。成为师傅那样优秀的人是宋红丽的职业梦想，她坚信自己能够乘风破浪，在未来不断加强自身本领的同时，也能为公司贡献出更大的力量。

四、劳动精神代代传

带徒多年，刁统武屡次被授予"导师带徒标兵"称号，从他手下成才的徒弟共有十多个，他们分散在各自的岗位上，每个人现在都是车间的维修骨干，其中有一名徒弟还获得了"山东省首席技师"荣誉称号。看着徒弟们个个出息，刁统武心里当然高兴，但要说最能给他成就感的，还得是师徒间完成的"劳动精神"传续。

刁统武一向认为师徒之间不仅是技艺的传承，更是价值观的传承；不仅是技能、学识的传输，更是人品的栽培。所谓"立人先立德，唯有先做好人，方能做好事"。身为劳动者，最重要的就是品德和素质。刁统武认为所谓的"劳动精神"就是不要把工作当成一种赚钱的工具。在他看来工作就是一种修行，每个人都在修炼的道路上不断完善自己。自入职以来坚守一线，刁统武以自身严谨忘我的工作态度，向徒弟们做出关于"劳动精神"的最好示范。

"不跟随在他身边感受不到其人格的魅力，不跟随在他身边感受不到他那种敬业精神，不跟随在他身边感受不到技术钻研创新的乐趣。无论是技术方面还是他本人对工作的态度、对工作精益求精的精神，都是我们学习的榜样。"徒弟刘书堂眼中的师傅刁统武，需要像"玉米扒皮"一样层层深入认识，才能感受到他的人格魅力。

其实，最开始对于师傅神乎其神的美名，比如"卡车公司的大明星""车身部生产一线的模范标杆""疑难杂症的百宝箱"等，年轻气盛的刘书堂是深表怀疑的。后来，刘书堂切身感受到师傅刁统武的敬业精神，是在师徒共同参与的"T7H驾驶室卧铺加宽"项目中。当自己提出对细节处敷衍省事儿时，师傅一番语重心长地告诫让刘书堂羞愧不已。

"他的每一个行动、每一句话都是从大局出发考虑，并不是单单为了完成自己那一份工作。"刁统武对待工作的敬业态度和大格局使刘书堂心服口服，他深切地意识到自己在职业价值观、使命感，以及前瞻性上与师傅的差距。从此，他明晰了自己的职业发展方向——追随师傅，成为一个德艺双修的新时代工人。

对于王雷来说，每次跟随师傅参与项目都能使其自身素质得到全面提升。

刁统武本人具备过硬的专业知识、优良的思想品德，以及积极的学习意识，多次项目攻关中他言传身教、毫无保留地传授业务技能和理论知识，同时他更看重对徒弟们职业道德的培养。

"在刁老师的带领下，我更快地掌握了各项业务技能和理论知识，并且安全、优质、高效地完成本职岗位的工作任务。每次项目结束后，我都感觉自己的业务能力、知识水平、思想品德等方面都有较大的提高。"王雷感佩于师傅的人格魅力，立志将"导师精神"代代传承，他希望未来某天自己带徒弟时，也能像师傅刁统武一样为后辈无私奉献。

在徒弟党泽民的印象中，师傅是一个对待工作无限追求完美的人，他总是和徒弟们强调"细节决定成败，细节决定质量"，引导徒弟们踏踏实实从手头的工作出发，主动寻求各类工序的质量问题点。在师傅的指导下，党泽民对工装设计、工序搭配、机械定位等单元进行细致查验，掌握了快速发现问题的本领。"刁工精益求精的工作态度，以'毫米'要求、不放过任何单元，使我养成了认真负责的习惯，为我指明了工作的前进方向。"

车间里、生产线上，师傅永远忙碌的背影，给徒弟刘斌留下了深刻的印象。"车间里时常能看到刁统武老师穿梭于生产现场，他或询问工作人员，或停下来检查设备，或和大家聚在一起探索改进问题的办法。总之，他会及时出现在职工最需要的任何地方，他那忙碌的背影总会给人留下深刻的印象。他那敬业的精气神儿，足以体现一天当两天半用的工作豪情！"刘斌心中师傅的形象是伟岸的，他身上不仅彰显了中国重汽集团"一天当两天半用"的企业效率文化，更重要的是他用实际行动诠释了新时代中国重汽人的责任与担当。

从师傅刁统武的工作经历中，刘斌悟出一个道理：只有敬业才会创业，才会忙碌，才会自动自发地找事儿做，干起工作来才不会觉得累。从此，"做一个像师傅那样敬业进而创业的人"，成为刘斌职业生涯中前行的动力。

"十年树木，百年树人。"眼见徒弟们迅速成长，刁统武感到由衷的欣慰。同时他也明白一个人最终能够成才，除了外界砥砺和必要的引导外，坚韧打磨自身的毅力更为重要。能够成为徒弟们人生中某一程的引路人，刁统武始终心怀感念，并对他们的未来寄予厚望。

他相信徒弟们在跟随自己磨砺的过程中，学到了很多超越课本的知识技能，也凭此取得了一定的成绩。但是徒弟们毕竟参加工作不久，各种经验还不丰富，工作实践中难免会出现差错。例如考虑问题不够全面、个别工作处理得不够完善、遇事第一时间不够冷静等，但是正所谓"前事之鉴，后事之师"，他希望徒弟们在今后的工作中不断总结和反思，在自我鞭策中坚持充实自己，通过多种学习渠道提升自己的综合素质和业务水平，努力实现奋斗目标并能体现自己的人生价值。

最重要的一点，刁统武期望徒弟们能接过"工匠精神"的大旗，将精益求精的态度贯彻到工作中，无论面临怎样的困难和挑战，都能敢于担当、勇于创新，坚持与时俱进。刁统武相信随着阅历的增长和知识技能的累积，徒弟们一定能以更成熟的方式处理工作生活中的问题。身为前辈、同为企业一分子，他时常告诫徒弟们要积极响应公司领导的号召，脚踏实地完成好自己的工作，为公司的发展壮大贡献出自己的力量。"在工作中找到自我，在奉献中实现自我。"这是刁统武对徒弟们朴实而真挚的祝福，他坚信只要青年人不断努力，伟大的中国梦就一定能实现。

第五章 春华秋实：
自铸人生辉煌

助力民族品牌复兴

"黄河"重卡作为历史厚重的民族品牌，曾经承载了一代人的记忆，见证了中国重卡从无到有的奋斗岁月。

那是新中国成立后的第十年，中国重型汽车工业领域仍是一片空白。1959年，全国召开试制汽车的车型分工规划会议。在大会上，中国重汽集团的前身——济南汽车制造厂主动请缨，担下中国第一辆重型卡车的研制任务。厂长刘德惠带领全厂职工立下重誓：豁出命咱也得干，要干就干中国最大的！当时，初代"重汽人"在"缺技术、少设备、没经验"的艰难环境里从头摸索，他们用四十天时间绘制出几百张草图，凭借简陋的工具，以精湛的手工技艺，一榔头接一榔头敲打出几千个汽车零部件。简易搭建的生产车间里，前辈们逢山开路，遇水架桥。

没有专用设备，七米多的车架纵梁就想办法分成六段压制；没有工具工装，一千多斤重的车架，从铆接、运送到翻转全靠二十几个人手搬肩扛；没有冲压模具，工人们就凭着高超的手工，把所有铁皮捶打成型。初代"重汽人"在艰苦的工作环境下自力更生，跨过重重关卡，自创条件，历经无数坎坷，经过四个月的奋战，于1960年4月15日成功研制出新中国第一辆重型卡车——黄河牌JN150型8吨载重汽车。

"黄河"重卡的诞生填补了我国重型汽车工业领域的空白，正式结束了我国不能生产重型汽车的历史，也揭开了我国重型汽车工业发展的序幕。

2020年9月16日，中国重汽黄河品牌新产品发布仪式在山东济南奥体中心场馆启幕。当时任山东省副省长凌文、中国重汽集团董事长谭旭光共同按下启动按钮，"黄河"品牌点亮的同时，"新黄河"重卡缓缓驶出，中国重汽开启了"驾黄河、驶未来"的新篇章。

"新黄河"重卡既是献给新时代的赞歌，又是对过往奋斗岁月的崇高致敬。身为新时代"重汽人"，能够参与"新黄河"重卡生产建线项目，刁统武感到无比激动与自豪。

2019年9月，刁统武正式参与了中国重汽集团智能网联（新能源）重卡焊装项目，负责"新黄河"重型卡车驾驶室焊装线的建线工作。从先期的工装夹具图纸会签，到最后34辆驾驶室生产下线，刁统武全程参与。

驾驶室生产是在公司外协单位一个简易厂房里，厂址位于江苏省镇江市句容市。6月至7月进行生产时，正值江南溽热的梅雨季节。由于车型必须做好保密工作，厂房里生产现场周围全部用铝合金以及没撕掉纸的有机玻璃板进行密封，现场几乎密不透风，这让原本潮湿闷热的工作环境更加难熬。2020年的夏天，刁统武等一众工作人员每天戴着口罩，从早到晚汗流浃背地泡在厂房里，被汗浸湿的衣服基本就没干过。不仅是南北方显著的气候差异，有别以往的生产现场也需要刁统武他们重新适应。

生产过程中所有工装都放在700毫米高的平台上进行焊接，工装卡栏打开的高度有1700毫米左右，驾驶室地板组重量约为120公斤。操作生产时，下面的工作人员需要把产品件举到头顶，上面的操作人员则需要弯腰去接，频繁地上下传递无疑加大了劳动强度，而且在这一过程中人很容易受伤。尤其是负责驾驶室后围和大地板（包括驾驶室前围）的两组工作人员，每天干完活儿胳膊全是擦伤，腰和手腕全都疼得钻心。地板组的工装最高，产品件人工下件非常困难，还得借助临时制作的挂钩，这个问题才得到解决。

为了赶工作进度，刁统武他们可以说把一切能想到的方法全用上了。"说实话，要不是为了安全起见，驾驶室我们都有可能人工抬下来。"那两个月刁统武和同事们经常加夜班，每天晚上都忙到十点钟左右。由于厂房地处偏远的开发区，周边一片荒芜，各方面条件都不具备，他们的日常生活也相对艰苦。要不是厂里配备了加班餐，工人们吃饭都成问题。工作一天下来巨大的体力消耗让人筋疲力尽，刁统武回到宾馆后通常沾床就睡。

习惯了加班加点工作，刁统武他们在体力方面勉强还能坚持，脑力精力方面超负荷的消耗才是最大难题。从会签图纸开始，每天从上午八点半到晚上九点半，一连十多天（实际五十多天，分三批进行），眼睛始终盯着投影屏幕上的设计图，在脑海里产品件、工装夹具和焊接设备不断地来回转换，模拟着现场操作的过程，每一个点、每一个细节都要仔细推敲，是否符合焊接要求，是否符合焊接质量。针对不合理的还要想出好的设计方案。每天下来都有种让人崩溃的感觉。刁统武由衷感到推进整个项目就是不断烧脑的过程。由于模具一次成型，后续都由激光切割，大部分产品件都存在尺寸超差的问题。因此，在生产准备期间，刁统武带领测量人员对所有焊接工装都进行了检测验证，还需要按照数模对产品逐个检验，不合格的产品还要提出修改方案。产品装配过程中，刁统武要负责所有产品的参数以及工艺验证，不管是ABB公司（焊装线线体制造厂商）的技术人员，还是工装厂家的对接人员，装配中一旦出现焊接技术问题都会找到他。

前所未有的工作量压在刁统武身上，白天他在厂房里应接不暇忙得像个陀螺，晚上回到宾馆还要进行数据分析，把第二天的工作按顺序捋一遍。先干什么，后干什么，怎样才能保质保量快速完成，林林总总的问题刁统武做梦都在琢磨。

长期处于过度紧张的劳累状态，体力和脑力连续经受超强消耗，刁统武的身体状况亮起了"红灯"。参加工作以来，长期的一线作业让刁统武患有颈椎病，"新黄河"项目过高的工作强度无疑加剧了其颈椎的负担。有段时间疼得实在太厉害，刁统武白天贴着膏药上工，晚上则戴着护颈套、枕着矿泉水瓶睡觉。颈椎的病症压迫神经，劳碌一整天后刁统武的睡眠质量也得不到保障。后来因为身体过度劳累，每天午饭他只能吃下半碗米饭，体力和脑力过度消耗，饮食和睡眠质量又不好，项目期间刁统武以肉眼可见的速度消瘦下去。

然而，不论是艰苦的工作环境，还是自身亚健康的身体状况，面对一切困难刁统武始终没有倒下，他凭借惊人的毅力咬牙挺过去。"在这些困难面前，我没有低头，没有退缩，我一直告诫自己，既然领导安排我参与这么大项目，那是对我能力的肯

⊙ 2020年6月，刁统武（中）指导徒弟维修焊枪

定，是对我的信任。我一定不辜负领导的期望，不管多苦多难，我一定要尽最大的努力完成，做好。"

在生产第一辆车时，曾出现了一个严重的质量问题。驾驶室前围和地板组装配出现了一个7毫米的间隙，这个部位的7毫米间隙对于驾驶室来说影响重大，可能直接导致生产出的驾驶室不合格。虽说第一辆驾驶室只是试验内外饰装配的试验车，但对于刁统武而言，只要出了问题就必须解决，不能给后续的工作造成不利影响。

为了这7毫米，他对产品、工装、工艺以及操作等，进行了反复检测和测量，随后又对工艺做了分析、对产品进行修复。忙活一整天直到晚上十点半，才查清楚这个问题的根源所在。揪出"症结"的那一刻，刁统武直接瘫坐到地上长舒了一口气。这一天的午饭他只匆匆扒了几口，晚饭也不过是用方便面勉强果腹。

就这样历经重重困难，刁统武和同事们如期交付任务，完成了共34辆"新黄河"重卡驾驶室的生产。

站在厂房外，看着自己生产的驾驶室分批装车运往卡车公司时，刁统武他们感到一种油然而生的自豪感和成就感。等到2020年9月16日，刁统武见证了中国重汽集团"新黄河"重型卡车的发布，当车队在聚光灯下缓缓驶出的一瞬间，刁统武满怀激动之情，觉得一切付出都值了。

通过参与"新黄河智能卡车建线"项目，在全程负责驾驶室现场试制以后，刁统武觉得自身的专业素养有了质的飞跃。他不仅在工作过程中更新了知识技能，而且规划了更多更完善的驾驶室焊接方案。不断掌握的新知给了刁统武十足的底气，在以后的工作中，他将学以致用，在更大的项目、更艰巨的工程中发光发热。

争做一专多能的创新型工人

2020年10月，"新黄河"重型卡车的闪耀发布告一段落，刁统武又被公司派往正在建设的莱芜焊装车间，参与"智能网联（新能源）重卡焊装"项目。莱芜车间的工作给刁统武的记忆烙下了深重的印记。

项目成立初期车间四处漏风，刁统武他们只能在现场搭建起集装箱充当临时的办公场所。有别以往，新车间的自动化水平大幅提升，包括机器人在内的现场所有自动化设备对工作环境的要求也大大提高。刁统武必须紧盯设备安装的每个细节，在现场观察并记录安装过程中出现的所有问题。此外，为了保障正常生产，刁统武还需要向厂家学习机器人运作的基本理论知识，学习联调联动生产工艺，以及探讨设备在高精度要求下如何进一步保证工装工艺的合理性，并产出高质量的产品。

在一系列的学习与协调过程中，刁统武更加明确地意识到："必须打破传统的固化思维模式，保持创新意识，积极接触新理念，不断学习新知识。要在保持专注自身特长技能的同时探索新领域，做一名新时代一专多能的新员工。"

设备装配完成后，随之而来的联调联动工作因环境的影响而艰难进行。2020年，莱芜冬天气温创历史新低，一度达到零下20℃。四处漏风的车间里，工人们里里外外裹得严严实实，叠套袜子的脚穿在加绒加厚的劳保鞋里，厚实装备还是抵不住严寒。好在领导记挂着他们，冒着寒风给他们送去热饭、暖衣和各种生活用品。棉服贴身，热饭暖心，领导们实实在在的关怀正如一股暖流，给了他们风雪前行的底气和保障。

等设备试调过一段时间后，刁统武他们接到了百辆份新黄河（全新一代黄河系列车型）驾驶室白皮焊接下线的艰巨任务。在那个零下20℃的寒冬里，刁统武所在项目组总共十几个人，为了

⊙ 2021年6月，刁统武在NG17车间试装产品

赶项目进度个个身兼数职，他们既是工程师也是一线工人。每天早上7点刁统武他们抵达车间，并开始设备运行。由于车间仍处在初始化建设中，机器人上件还无法达到要求，他们只好三人一组分别站定几个工位，负责人工手抬上件。

人工上件的过程一向辛苦，出于对产品件装配精度的要求，操作人员的体力消耗和肌肉拉伤都是难以避免的问题。比如沉重的NG驾驶室后围需要由两个人抬着产品件，放到一米多高的托盘小车上。因为后围装配需要精准对位定位销，所以最开始后围上件时，经常需要操作人员高举着产品件停留好大一会儿，才能放入托盘小车。等他们刚把驾驶室后围放完，紧接着就是抬侧围、抬车门，各部件好不容易安放完毕，下一轮待抬产品件跟着就来了。

就这样，刁统武他们通过肩扛手抬，完成了产品件上件。然而项目时间催赶得紧，为了尽快完成生产任务，项目组成员集体直接无休，一直忙到大年三十的中午。这一年的春节不同往年，没有阖家团圆和满桌子好菜，他们只在生产线上匆匆吃了几口简单快餐。

刁统武他们经常从早上7点干到次日凌晨1点，十几个小时的工作让他们筋疲力尽，刁统武觉得自己有时候站着都能睡着。终于，在项目组全体人员的共同努力下，大年初一下午4点，百辆份新黄河（全新一代黄河系列车型）驾驶室白皮焊接下线任务顺利完成。在项目完工的喜悦中，刁统武他们迎来了新的一年。

莱芜车间的工作经历再一次坚定了刁统武不懈奋斗的志向，"新时代产业工人仍需不忘初心，扎根一线，艰苦奋斗"。此外，他参与的"智能网联（新能源）重卡焊装"项目也给了他新的启发。在他和厂家学习机器人运作基本理论知识，以及现场学习联调联动生产工艺的过程中，刁统武清晰意识到"创新就是生产力"，明白了新时代产业工人应当时刻保持创新意识，积极进取，大胆创新，把"一专多能"作为自我鞭策的前进方向。

站在传统的堤岸上，直面新时代的潮头，身处传统与创新交汇融合的关键时期，刁统武始终坚信："从来没有什么差不多，选择了这份事业，就要投入百分之百的热情。要以不断创新的意识和百分之百的精力，适应新环境的要求。"

在最好的平台上继续奔跑

回顾二十三载职业生涯，刁统武肩上扛的除了累累重任，还有沉甸甸的荣誉勋章——"全国劳动模范""全国五一劳动奖章""全国技术能手""山东省劳动模范""山东省富民兴鲁劳动奖章""泰山产业领军人才""山东省优秀共产党员""山东省道德模范""齐鲁十大金牌职工""山东省技术能手""山东省首席技师""齐鲁大工匠"等，及享受国务院政府特殊津贴。旁人眼见他是名利双收，当中苦乐冷暖自知，刁统武始终保持谦逊和感恩，他说："我之所以取得了一点儿成绩，是因为有中国重汽这个非常好的平台。工作时正赶上了新型生产线建立的好机遇，遇到了好的领导和同事，还有家人的支持，再加上我的一点点努力才成就了我，这些要素缺一不可。"

中国重汽集团历来重视职工队伍建设，注重工匠精神的培养与传承。集团公司为培养工匠人才，积极搭建了高技能人才晋升通道，通过创建高技能人才创新工作室、组织"导师带徒"活动等拓宽职工成长成才渠道。2004年以来，中国重汽集团先后建设了HOWO、HOWO-T7H、HOWO-T5G等多种车型驾驶室生产线。2020年，中国重汽集团推出的"新黄河"重型卡车就由此线生产。"新黄河"重型卡车的推出，标志着中国重汽集团在国际卡车市场上有了新起点。在企业提供的优越平台上，刁统武凭借自身高超的专业技能，以爱岗敬业的工匠精神多次参与多个建线项目，在"黄河"卡车民族品牌复兴的道路上留下了浓重的印记。

可以说是新时代中国重汽集团成就了刁统武，而刁统武取得的累累成果无一不是在回报平台、感恩时代。入职中国重汽集团以来，刁统武主持和参与的技术创新项目多达二百余项。其中十多个项目荣获国家专利，如"一种用于驾驶室总成焊接的定位装置"项目；十余个项目获得省级技术创新奖，如"基于快捷转换的驾驶室焊接工艺装备的技术开发与应用"项目获山东省职工优秀技术创新成果二等奖；二十多个项目多次包揽中国重汽集团公司职工创新成果一、二、三等奖，如"A7-T7H驾驶室焊装工装多车型切换与改进"项目。多年来，刁统武的创新成果作用于企业产能提高、产品质量提升、设备优化等，为公司创造了近亿元的经济效益。身为集团公司的首席维修钳工技师，刁统武充分发挥模范带头作用，积极响应"导师带徒"活动，热心传授技艺，为公司培养了一支高技能人才队伍。

面对等身的殊荣和带给公司的巨大效益，刁统武从没觉得自身有什么特别，可以让自己从一众员工中脱颖而出。如果问刁统武他对"工匠精神"的理解是怎样的，这个敏于行的匠人却讷于言。"精益求精，精雕细琢"，这是他朴实而坚定的回答。其实，刁统武根本无须作答，他在生产一线不断"钳"进的前半生就是最生动的诠释。"我一直认为，所有的工作都是我应该做的。我的岗位是一个比较关键的岗位，一旦产品出现问题将是大批量的，造成的损失是无法估量也无法挽回的。必须认真、细心，不怕烦琐、吃苦耐劳、反复验证、持之以恒，任何时候都要不急不躁，稳步向前。"

在刁统武二十三年的从业生涯中，"清醒"和"严谨"就像束发悬梁的绳，动静之间牵拉神经时刻警惕，是他持之以恒的自律自省。"我自己清醒地认识到，自己是做什么的，该做什么，自己的要求是什么，自己适合干什么。"人的一生都是自我构建的过程，"自知"是建起稳固内在世界的第一步。只有在性格、兴趣、优缺短长等方面"自知"，才能对责任、义务和理想追求有更深刻的认知。因为"自知"所以不迷失自己，刁统武鞭策自己不断学习、不断成长，因为热爱选择了这个职业，也因为在一次次解决工作的困难后更加热爱，直至爱岗敬业成为本能，成为人人称颂的"工匠精神"和"劳模品格"。

自1999年参加工作，刁统武从最初进厂时一名普通的维修钳工，成长为今天的"齐鲁大工匠""全国劳模"，刁统武时时刻刻提醒自己："不辜负企业给我每一次机会，不辜负各级领导对我的培养，不辜负同事们对我的帮助，不辜负家人对我的支持。我要以更加饱满的工作热情、更加显著的工作成绩回报大家对我的培养、帮助和支持。"刁统武在每一次困难中的勇往直前，不仅出于对自身劳动者素质的高要求，同时也是对企业悉心培养的感恩报偿，是对妻女无怨付出的努力回应。

2020年11月，刁统武当选"全国劳动模范"，在公司大会上他激情澎湃地宣讲道："在以后的工作中，我要继续做到勤学苦练，努力学习先进的知识，掌握一手好的技能，练就一身好的本领。要做到精益求精，把最简单的活儿、最平凡的事情做好，力求完美卓越。对工作一定要像对待自己的孩子一样，要做到专心、专注，要干一行、爱一行、专一行、精一行，要在业内出彩出众。要持续创新，不管做什么都要尝试改进、大胆创新，只有不断地去创新，才能使我们的工作、生活充满激情，才能促使我们不断进步。"今后在中国重汽集团继续发展的宏伟蓝图中，赶上最好时代的刁统武将会继续奔跑、继续"钳"进。身为劳动模范，他将继续发挥好带头作用，努力学习、扎实工作；奋力进取、开拓创新，为企业发展和技术进步贡献更多的智慧和力量。

生如行旅，半刻光阴。人活一世有所执着、有所顾念、有所建树、有所成全，跬步奋进也好，偶尔偷闲也罢，千种图谋万般心愿，所思所求无非不留大憾，安度平生。生命本是别无二致的种子，纵使命运冥冥，落地的土壤不可选，自然无常、光暖甘霖亦全看造化。可是嫩芽必定破土，抽枝散叶极力向阳，生命之树终会长成各自模样。而今背靠树木满捧花果，四十三岁的刁统武仍未懈怠，他依然坚持除草，时时松土，修剪枝叶，正如雕琢人生，都将是他毕生的事业。根深则叶茂，本固则枝荣。

⊙ 2020年11月，刁统武参加全国劳动模范和先进工作者表彰大会